国境の島を発見した日本人の物語

教科書が教えない領土問題

藤岡信勝［編著］
自由主義史観研究会

祥伝社

国境の島を発見した日本人の物語

目次

序　章——国境の島々と日本人の領土意識　藤岡信勝　11

第一章――竹島
時代とともに名を変えた紛争の島

山﨑ちあき　41

目　次

第二章――樺太

北の守りと樺太探検に命をかけた男たち　松浦明博　73

第三章――北方領土・千島列島

第四章――小笠原諸島

第六章――沖ノ鳥島

最南端の小島は日本のダイヤモンド　髙橋智之　207

装幀　鈴木大輔（ソウルデザイン）
扉背景図版／林子平『無人嶋大小八十余山之図』
（国立公文書館所蔵）

序章

国境の島々と日本人の領土意識

藤岡信勝

国境の島に残された日本人の足跡

日本人の自国の領土についての感覚は、日常的には北海道・本州・四国・九州の四つの島と沖縄本島が日本の領土として意識されるだけで、その他の島々については、あまり知識もなく関心も薄いのが実状である。日本にとって外国との境目にあたる国境線はすべて海の上にあるから、日頃国境線を意識することも少ない。陸上の境界をめぐって絶えず争いあってきたヨーロッパ諸国などとはまるで違う国柄となる。

これを人間に喩《たと》えれば、どこまでが自分の体か、その境界がはっきりしない、朦朧《もうろう》とした意識状態に近い。二年前の二〇一〇年九月、この意識状態を覚醒《かくせい》させる出来事が起こった。中国の「漁船」が日本の海上保安庁の巡視船に体当たりして逃走した尖閣事件である。この事件の衝撃は、日本列島を人体に置き換えるなら、右足の甲の辺りをいやと言うほどハンマーで叩きつけられて、初めてそれが自分の体の一部であることを自覚した、というようなものである。

何を隠そう、私もまた、そうした「痛い目」に遭《あ》って覚醒させられた日本人の一人である。その衝撃から生まれたのが、同年十二月に発行した藤岡信勝・加瀬《かせ》英明《ひであき》（編）『中国はなぜ尖閣を取りに来るのか』（自由社）だった。

この一事が示すように、尖閣諸島など国境の島について、その位置や、日本の領土となった由来など、基本的な知識が国民の間に共有されていない。知らないから関心もなく、自国の領土としての愛着も生まれない。だから、領土問題解決の土台は、まずこれらの国境の島について一通り「知る」ことだと考えられる。

本書は、そのような問題意識から、七つの国境の島を取り上げ、それを発見した日本人が、いかなる意図のもとに、いかなる努力を重ねてその島に足跡を残したのか、そして、いかなる経過でその島が日本領となったのか、その歴史を、有名無名の人物を通して、分かりやすく興味深い物語として綴《つづ》ったものである。

それによって、普段関心の薄い辺境の島々も、日本人の血と汗がしみこんだ貴重な存在であり、ご先祖様が後世の私たちに残してくれた大切な贈りものであることを実感していただきたいと願う次第である。そうした歴史を知ることで、初めて日本の領土・領域についての生き生きとしたイメージを持つことができるはずである。

取り上げた島は、領土問題として顕在化している北方領土・千島列島、竹島、尖閣諸島はもちろんのこと、もと日本領だった樺太、あまり知られていない小笠原諸島の歴史、そして、海洋国家日本が成り立つための重要な礎《いしずえ》となっている南鳥島と沖ノ鳥島の二つの離島である。章の配列は、竹島から始まって、ほぼ時計回りで尖閣諸島まで至るという順序になっている。

以下、この序章では、本書の背景をなす問題意識と領土問題をめぐるいくつかの論点にふれてみたい。

「その手があったか!」尖閣購入

東京都の石原慎太郎《いしはらしんたろう》知事は、四月十七日(日本時間)、ワシントンにあるアメリカのシンクタンクでの講演で、尖閣諸島を東京都が買い取ると発表した。

現在、尖閣諸島は個人が所有し、国が借用するという形になっているが、中国が買収攻勢をかけていると報ぜられ、まともな領土意識を持った日本人にとって心配のタネであった。

石原知事の発案は尖閣諸島を中国から守るための最も有効な方法であり、「その手があったか!」という驚きをもって受けとめられた。また、それを都議会の答弁などではなく、情報の発信地であるアメリカの首都ワシントンで、世界に向かって公表したところも、石原知事の人並み優れた政治的センスを感じさせるものであった。

この計画が報道されると、自発的な寄付金が都庁に寄せられ、都が寄付金受け入れのための銀行口座を開設すると、またたく間に一〇億円を超える寄付金が集まり、その額はその後も増え続けている。なかば中国の代弁機関と化している日本の多くの新聞は、東京都の予算を離島の購入に充《あ》てるなど筋違いだという批判を展開したが、寄付金だけで、もはや購入費を上回る金額に到達してしまった。批判していた新聞社も顔色なしである。

石原都知事の尖閣購入計画へのこのような国民的反響は、いろいろなことを考えさせるものである。影響力のある政治家が、国家の基本問題にかかわる発言をし、行動で示せば、どれほど大きな国益が守れるかという一例である。裏返して言えば、今までの日本の政治家がいかに領土問題など国家の基本にかかわる問題を回避してきたか、ということもあぶり出した。

また、同時に、国民の側にも、それに応える感覚は決して失われていないことが証明された。日本人もまだ捨てたものではないと思った人も多い。寄付金という形で示された日本国民の領土意識の覚醒は、今後の日本の進路にとっても大きな意味を持つだろう。

国境線全問正解者は四〇〇〇人中七人

領土についての日本人の意識の現状を示すデータがある。日本青年会議所（日本ＪＣ）の「主権国家確立委員会」は、日本の高校生の領土・領海意識の調査を実施した。

その方法は、三枚の白地図を示して、「この白地図に隣国との境界線を書き込んでください」と伝え、線を引いてもらうというものである。白地図は次の三枚で構成され、その中に、合計五箇所の国境線を正しく書き込めるかどうか調べた。

> 北　方……択捉島《えとろふ》とウルップ島の間
> 　　　　　宗谷岬《そうや》と樺太の間
> 日本海……対馬《つしま》の北
> 　　　　　竹島とウルルン島の間
> 南　方……与那国島《よなぐに》と台湾の間

有効回答者は四〇〇〇人で、そのうち、

北方の正解者………五九人（一四・八％）
日本海の正解者……三七人（　九・三％）
南方の正解者……一〇五人（二六・三％）

だった。全問正解者は七人（一・八％）に過ぎなかった。この結果を見ると、全問正解者があまりにも少ないことが問題だが、それ以上に、韓国との境界線についての正答率が一割以下であることに驚かされる。おそらく、竹島とウルルン島（鬱陵島《うつりょう》）の間に正しい線を引くことができなかったことが正答率の低さの主な原因であろうと推定される。

こうした結果がもたらされた最大の要因は、学校で竹島問題を正確に教えていないことにある。青森県で、ある日本ＪＣのメンバーから打ち明けられた話を思い出す。その方は、あるとき、韓国の青年会議所から招待を受け、「竹島（独島《とくと》）問題について討論したい」と申し込まれたのだが、自分が竹島問題について何も知らないことに愕然《がくぜん》としたという。

右の日本ＪＣの報告書も、「残念ながら、このような国境に関しての知識は、大人も低いのが現状です。ですから、決して間違えた子どもたちを非難することはできません。大人もこれをきっかけに意識を高く持ってもらいたいと思います」と書いている。

学習指導要領と解説書の中の「領土問題」

中学校の学習指導要領は、二〇〇八年（平成二十年）三月に改訂され、「地理的分野」で、「北方領土が我が国の固有の領土であることなど、我が国の領域をめぐる問題にも着目させること」（内容の取扱い）と書いた。さらに、同年九月に公表された「中学校学習指導要領解説・社会編」では、「北方領土（歯舞《はぼまい》諸島、色丹《しこたん》島、国後《くなしり》島、択捉《えとろふ》島）については、その位置と範囲を確認させるとともに、北方領土は我が国固有の領土であるが、現在ロシア連邦によって不法に占拠されているため、その返還を求めていることなどについて、的確に扱う必要がある」と指摘した。

北方領土については従来からも領土問題として取り上げられてきた事項だったが、解説書は新たに、「我が国と韓国の間に竹島をめぐって主張に相違があることなどにも触れ、北方領土と同様に我が国の領土・領域について理解を深めさせることも必要である」と記した。解説書で竹島問題をこのように明記したのは、これが初めてである。裏返して言えば、それまでは竹島問題はこの程度にも扱われていなかったということである。

文科省教育課程課は、解説書の竹島の扱いについて、島根県の「竹島の日」条例の制定、国会質問の増加、教育基本法改正などの状況を総合的に判断した結果であるとコメントした。

ところが、それに対し、韓国政府は駐日大使を一時帰国させるという手段で抗議の意思を表明した。こうした動きが出てくると、政府はたちまち尻込みを始める。翌年（二〇〇九年）十二月に公表された高校の地理歴史科の解説書には、竹島は明記されなかった。中学校よりも明らかな後退である。これについて、鈴木寛《すずきかん》文科副大臣（当時）は「民主党が主張してきた学習指導要領の大綱化に沿い、記述を簡略化した」と説明しているが、竹島の領有権を主張する韓国に遠慮したことはみえみえだ。なにしろ、当時の民主党政権の総理大臣は「日本列島は日本人だけのものではない」という思想の持ち主だった。

韓国目線で「竹島」を教える日教組教育

教科書も酷い。日本文教出版の『中学社会』地理の教科書（平成二十四年度から使用）では、尖閣諸島について、次のように書いている。

「沖縄県西方の尖閣諸島は、第二次世界大戦後、アメリカの統治下におかれましたが、沖縄返還とともに日本領土にもどりました。しかし、中国もその領有を主張しています」竹島についてはもっと徹底している。「島根県沖の竹島は、韓国もその領有を主張しています」。たったこれだけだ。竹島は韓国が侵略し不法占拠している日本固有の領土であることが全く書かれていないのだ。

高校の教科書も同様だ。第一学習社の『高等学校地理A』では、「韓国とは竹島の帰属問題があり、また中国は尖閣諸島の領有権を主張しているため、これらの海域は暫定水域となっている」と書かれている。

これら教科書に輪をかけて状況を悪化させているのは、日教組による反日教育である。北海道教職員組合（北教組）の会報「北教」二〇〇八年十一月二十八日号には、「アジアと繋《つな》がる平和教育を！」と題して次のような文章が掲載されている。

《「竹島・独島《とくと》」問題をめぐって日韓の歴史認識の大きな違いを見せ付けられました。日本では、領土問題としてとらえられているものの、韓国では、「独島」が日本による韓国植民地化の過程で占領されたことから、侵略・植民地支配の問題だととらえられているのです。つまり、文科省が中学校歴史の解説書に「竹島（独島）の領有権」を明記したことは、韓国にとっては、侵略・植民地支配を日本が正当化する不当極まりないものになるのです。歴史的事実を冷静に紐解《ひもと》けば、韓国の主張が事実にのっとっていることが明らかだけに、事は極めて重大なのです》

　このような露骨な記述も珍しいが、これは氷山の一角に過ぎない。長年にわたる日教組教育の積み重ねは、国民の領土意識を著しく歪《ゆが》めてきた。

「領土問題は存在しない」外務省定義の危うさ

「尖閣諸島は日本固有の領土であり、東シナ海に領土問題は存在しない」。自民党、民主党を問わず、歴代の政府の首相や閣僚が何とかの一つ覚えのように、紋切り型で繰り返してきた決まり文句である。この発言は「領土問題」についての外務省定義に基づいている。外務省は、①日本固有の領土でありながら②外国に実効支配されている地域を「領土問題」と定義している。従って、北方領土と竹島は領土問題だが、②の要件を欠く尖閣諸島については「領土問題は存在しない」ことになる。

一見もっともらしいが、この定義こそ、尖閣諸島へ中国が侵略の触手を伸ばすことを許してしまった元兇《げんきょう》である。なぜなら、外務省定義の実践的意味は、「北方領土や竹島は日本側が自国の領土であることを主張してもよいが、尖閣諸島は沈黙して問題にしないことが得策である」ということだからである。

その証拠が、外務省が二〇一〇年十二月二十二日に公表した沖縄返還に関する外交文書の中にある。中国は石油資源埋蔵の可能性が明るみに出るや、突如として尖閣諸島の領有権を主張し始めた。一九七一年当時、米中接近の動きの中で、米議会には中国側の見解に同意する雰囲気があったという。これに対し、十一月二日付けで福田赳夫《ふくだたけお》外務大臣は牛場《うしば》信彦《のぶひこ》駐米大使にあてた極秘電報で、「中国側の主張に反論するが如《ごと》き行なうのは、かえって日中双方を平等の立場に置き、決して得策ではない」と伝えているのである。

反論しなければ、第三者に、なぜ尖閣諸島が日本固有の領土であるのかわからないではないか。どんな問題にせよ、相手が静かにしているなら、こちらがあえて議論を持ち出さない方が得策であるというのは自明だが、相手が声高に主張しているにもかかわらず何も反論しないのでは、相手の主張を認めたことになる。一九九二年、中国が領海法を制定して尖閣諸島の領有宣言をしたときも、日本は何も反論しなかった。

蓮舫《れんほう》内閣府特命担当大臣は、二〇一〇年九月、尖閣諸島を「領土問題」だと発言して、すぐに官邸から注意され発言を撤回させられた。大臣としては学習不足だったことになるかもしれないが、領土問題という普通の日本語に特殊な定義を与えて国民に強要する権限は外務省にはない。それどころか、この定義が、実践的にどれほど国益を損ねてきたか計り知れない。外務省定義など無視して、尖閣諸島が我が国の領土である理由を、官民問わず堂々と主張すべきだ。

「領土教育」の提唱

安倍晋三《あべしんぞう》内閣時代に沖縄北方担当大臣に任命された自民党の高市早苗《たかいちさなえ》議員は、竹島や尖閣諸島の実情を含めて、正しい領土認識を教育の場で行なうべきだと考え、「領土教育」の必要を唱えた。私が「領土教育」という言葉を初めて耳にしたのは、二〇一〇年の夏頃の高市議員の講演においてだった。

「領土教育」という言葉は、必ずしも人口に膾炙《かいしゃ》したものではない。インターネットで検索しても、多く出てくるのは「北方領土教育」などの文字列の一部にヒットするものである。「領土教育」という文字列のみではヒットしないのである。環境問題が起こって「環境教育」がうたわれ、東日本大震災が起こって「震災教育」を教科にしてはどうかという提言までなされている。ところが、古くから存在する領土問題に対応した「領土教育」というカテゴリーが、教育界の中から表明されたことがないとは、むしろ驚きである。

高市氏は、在任中の二〇〇七年三月、東京都内で開かれた北方領土問題に取り組む教育関係者の会議で、「私は竹島や尖閣の問題には口を出せない。将来の内閣改造の時に領土担当相とすれば統一感のある取り組みができる」と語った。高市氏は、「領土教育」とともに、全ての領土問題を一元的に担当する「領土担当大臣」というポストの新設を提言したのである。

本書は、ある意味では、高市氏の問題提起に応えようとするものであり、「領土教育」

というカテゴリーを意識した初めての出版物になるかもしれない。

領土を歌い込んだ「蛍の光」

戦後の領土教育のお粗末ぶりを見てきたが、戦前の日本は、日本の領土についてどのように教えてきたのだろうか。

そこで、すぐに思い出すのが、「蛍の光」である。「蛍の光」はかつては卒業式で歌われた歌だ。在校生が卒業生へのはなむけに「蛍の光」を歌い、その後、卒業生が「仰げば尊し」を歌ってお別れをするというのが定番だった。今はこの慣習もかなり崩れ、デパートの閉店の曲か、年末の紅白歌合戦の終わりの曲と思っている子どもも多いかもしれない。

「蛍の光」の原曲はスコットランド民謡の「久しき昔（オールド・ラング・サイン）」という歌で、明治政府は明治十四年（一八八一年）に日本語の歌詞をつけ、小学校唱歌として全国に普及した。「蛍の光　窓の雪　書読《ふみよ》む月日　重ねつつ……」の一番、「止まるも行くも　限りとて、互《かた》みに思う　千万《ちよろず》の……」の二番。ここまでは、誰でも知っている。

ところが、この歌には、三番と四番があったことを知らない人が多い。それもそのはず、三番と四番は、戦後、意識的に歌わなくなったからである。

三番は、次の通り。

「つくしの極み　みちのおく　海山《うみやま》遠く　へだつとも　その真心は　へだてなく　ひとえに尽くせ　国のため」

「つくし」とは九州のことで、「みちのおく」は「みちのく」、つまり陸奥だから、東北地方である。まず第一段階として、九州から東北までが我が国の古来の国土であることが歌われていると考えられる。

続いて、四番。

「千島の奥も　沖縄も　八州《やしま》のうちの　守りなり　至らん国に　勲《いさお》しく　努めよわが背つつがなく」

千島も沖縄も日本＝八州のうちだと言っている。明治時代の領土画定の年表を見ると、

・明治八年（一八七五年）　樺太・千島交換条約によって、千島全島が日本領となる

・明治十二年（一八七九年）　沖縄県設置

となっていて、小学校唱歌制定時の明治十四年ごろには、「蛍の光」の四番は、おそらく新鮮な響きを伴って歌われていたのではないかと推測される。

その後、日本の領土は、

・明治二十八年（一八九五年）　日清戦争後の下関条約によって台湾を領有
・明治三十八年（一九〇五年）　ポーツマス条約によって南樺太（北緯五〇度以南）を領有

と拡張した。そこで、明治三十九年（一九〇六年）には、四番の始まりは、

「台湾のはても　樺太も　八州のうちの　守りなり……」と変わった。台湾の日本語教育を受けた世代の人々の間では、今でもこの歌を歌う人々がいる。戦前の日本は、小学校唱歌の中に日本の領土を歌い込むことで、領土意識を涵養《かんよう》していたことに着目したい。

島国日本の自画像

日本という国の国土の特色はどこにあるのだろうか。

日本列島は、地質学的にはユーラシアプレートの東端に位置し、日本海溝に沈む手前で隆起して出来た弧状の列島である。日本列島を構成するのは、北海道、本州、四国、九州の四つの島と、千島列島、南西諸島である。これに小笠原諸島を加えると日本の領土の輪郭が決まる。

日本は多数の島からなる世界有数の島国である。国土を構成する島の数は、海岸線が一〇〇メートル以上の島に限定しても、六八五二もある。面積一〇〇平方キロメートル以上の島は二五あり、北海道・本州・四国・九州の四大島を除く上位三島は、次のようになる（括弧内は面積で、単位は平方キロメートル）。

①択捉島（三一八四）
②国後島（一四九八）
③沖縄島（一二〇七）

上位二島が北方領土であり、中でも択捉島の大きさが際立って感じられる。

日本の国土の総面積は、約三八万平方キロメートル。世界の一九二の国の中で、六一番目の大きさである。

ところで、国の主権が及ぶ領域は、国土（領土）だけではない。その周りの海も領海として主権が及ぶ領域である。国連海洋法条約に基づき、領海は沿岸から十二海里（約二二・二キロメートル）までと定義されている。また、その領土の上にある領空も国の主権に属する空間である。さらに、領海の外側に、排他的経済水域（EEZ）を、沿岸から二〇〇海里（約三七〇キロメートル）までの範囲内で設定することができる。

排他的経済水域では、①海底に眠る資源を調査し開発する権利、②海水中に浮遊する資源などを利用する権利、③漁業管轄権、の三つの権益が認められる。

日本は世界有数の海洋大国

この排他的経済水域と領海を合わせた面積を計算すると、日本（四四七万平方キロメートル）は世界で六位となる。順位は、①アメリカ、②オーストラリア、③インドネシア、④ニュージーランド、⑤カナダ、⑥日本である。陸地だけでなく、海の面積を計算に入れると、とたんに日本は世界のベストテンに入る大国となる。

ところが、これらもまだ二次元の世界の話に過ぎない。海には深さがある。この要素を加えた三次元の世界、つまり海の体積を計算すると、一五八〇万立方キロメートルの日本は、何と世界で四番目の海洋大国に躍り出るのである。ちなみに、順番は、①アメリカ、②オーストラリア、③キリバス（水深の深い太平洋上の島嶼《とうしょ》国家）、④日本、⑤インドネシア、⑥チリ、である。

東海大学の山田吉彦《やまだよしひこ》氏は、その著書『日本は世界4位の海洋大国』（講談社＋α新書、二〇一〇年）の中で、こうした驚くべきデータを駆使して、日本は海洋大国であり、資源大国であるというメッセージを力強く発信している。海の体積（海水量）を計算して比較したのは世界で初めてだという。しばらく山田氏の指摘をたどって、日本の国の自画像を描き直す一助としたい。

海は資源の宝庫であり、「眠れる宝の山」だ、と山田氏は言う。海の資源は、①海底資源、②海洋資源、③水産資源の三つに区分することができる。まず、海底資源では、日本近海の海底には、石油、天然ガスの他、レアメタルや貴金属を多量に含んだ鉱床が存在する。また、メタンハイドレートと呼ばれる「燃える氷」が層をなして分布しており、日本で消費される天然ガスの一〇〇年分の燃料がこれでまかなえる埋蔵量がある。メタンハイドレートの商業化に成功すれば、日本はエネルギーの外国依存から脱することができるとさえ言われている。

つい最近、日本の最東端の南鳥島周辺の排他的経済水域の海底の泥の中に、ハイテク製品に欠かせないレアアースが、日本の消費量の約二三〇年分あることが分かった。尖閣事件で中国はレアアースを脅しに使ったが、中国に依存しなくて済むようになる。(産経新聞、六月二十九日付)

海洋資源は、海水中に含まれている微量成分を指すが、そのうち、例えばウランは、黒潮に乗って絶え間なく日本にやってくる。原発五〇〇年分のウランが、毎年やってくるという。水産資源について言えば、日本近海は世界の三大漁場の一つで、生物種の豊富な豊かな海なのである。

日本人は日本が小国だと思いがちだ。国土の面積が小さいこともその感覚を植え付ける根拠となっている。さらに、資源小国で何でも外国に頼らなければ生きていけないというイメージで日本の自画像を描いている。しかし、ひとたび海に目を向けるならば、全く違った自国の姿が見えてくるのである。

日本国はどんな姿をしているのか

左の図をご覧いただきたい。これは一体、何だろうか。ロールシャッハ・テストではないが、私には、モコモコとした温かい毛糸の手袋を着けた手で、大事な二個のボール状の宝物をつまもうとしている図のように見える。

これは国境線に関する高校生調査を実施した日本JC（日本青年会議所）が、「領土・領海意識醸成プログラム」の一環として、「この国のほんとうのかたち。」と名付けて作成したものである。この図のアイディアの優れた点は、日本の領土だけでなく、領海とEEZを含めて墨で塗りつぶしてできているところにある。日本列島はなかなかスマートな形をしているが、海を含めると我が祖国はこんな素朴な形状をしていたとは、ほほえましい。

当然、気になるのが二つのボールの正体である。自由社の『新しい公民教科書』（平成二十四年度使用開始）の巻末に掲載されているグラビアでタネ明かしをしてみよう。

この国のほんとうのかたち

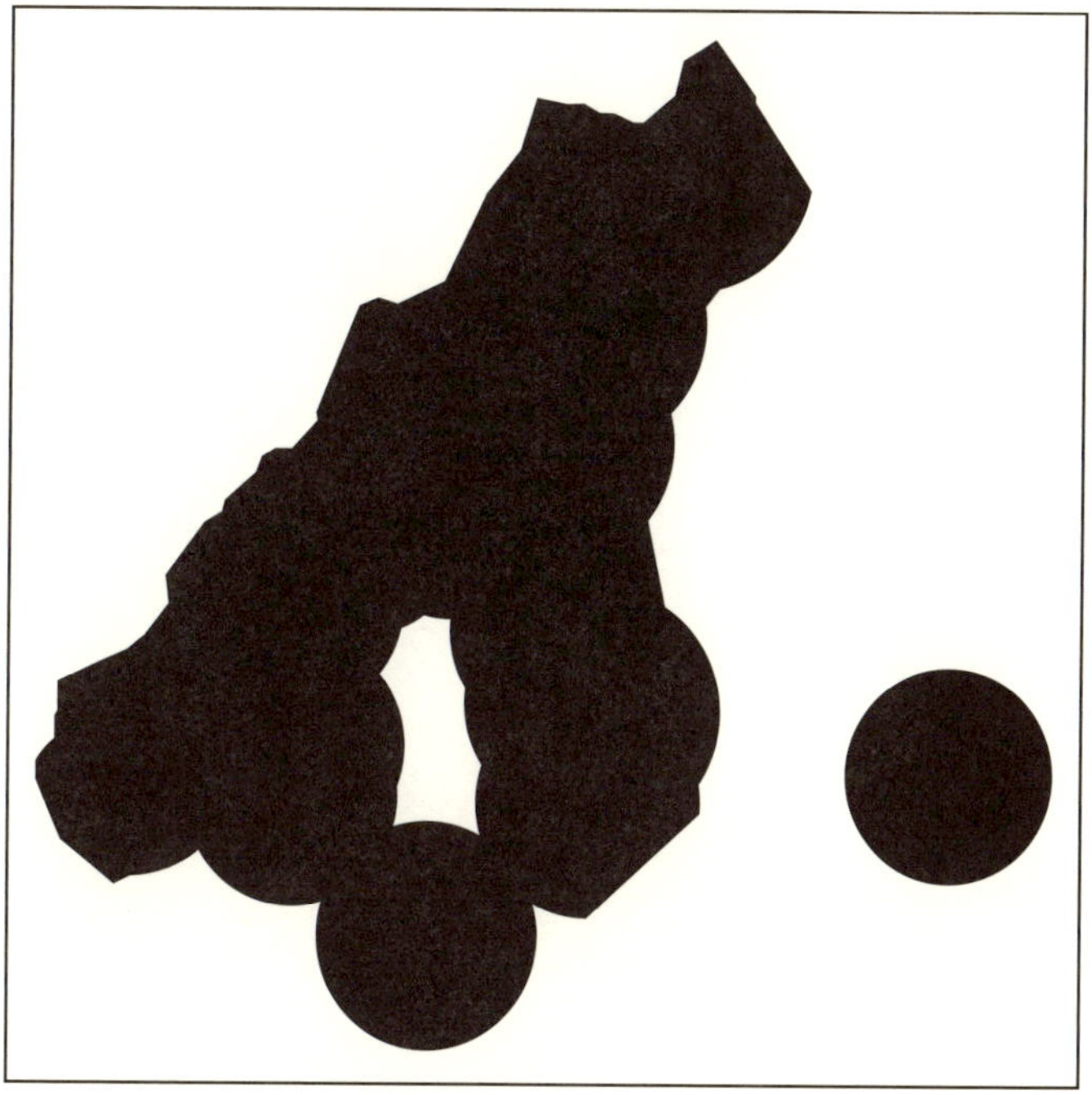

日本の「ほんとうのかたち」は実にユニークな形をしている。
出典：日本青年会議所ポスター

日本の排他的経済水域（EEZ）

二つのボールは沖ノ鳥島と南鳥島だった。

自由社『新しい公民教科書』をもとに作成

ご覧の通り、指でつまれようとしているボールの中心に位置するのは、日本最南端の島である沖ノ鳥島だ。まだ拾われていない東方、太平洋上のボールは、日本最東端の島、南鳥島だ。これら小さな二つの島が、日本を海洋大国たらしめる上で、どんなに役立っているか計り知れないものがある。二つの島はどんな島で、どのようにして発見され、いかにして日本の領土となったのか、興味が湧《わ》いてくる。

逆さ地図の効用

石原知事が尖閣購入計画を発表した数日後、テレビ番組に登場した猪瀬直樹《いのせなおき》副知事は、東京都が尖閣諸島を持つことが妥当であることの一つの合理的な根拠として、東京都が持っている離島調査の実績をあげた。一地方自治体に過ぎない東京都が、なぜ南方の島を買うのか、というメディアからの一斉攻撃への一つの回答でもあった。

その時、猪瀬副知事が使った地図が興味深かった。日本地図を逆さにして、東京から南方の島々を眺めると、南鳥島、小笠原諸島、沖ノ鳥島がほぼ同じ程度の距離に存在する。この三つは、いずれも東京都の行政区の中にあり、都はこれらの地区の自然や資源の調査を手がけている。ところで、尖閣諸島もまた、東京から見るとこれらの島々と同じ距離に存在する。だから、東京都が有する調査のノウハウをすぐに尖閣諸島の調査に生かすことができる、というわけだ。

ぜひその地図を入手したいと思い、都庁に問い合わせてみると、それは日本戦略研究フォーラム（中條高徳理事長《なかじょうたかのり》）が制作したものだという。私はたまたま同フォーラムの「政策提言委員」でもあったので、早速市ヶ谷《いちがや》の事務所を訪ねて入手した。

それは、「東アジア地勢図」というタイトルのB1サイズの地図で、南北を逆転させたというよりも、北京から太平洋を望む形でつくられたものである。なるほど、中国側から見ると、このようになっているのかと興味深い発見がいろいろできる。中国が太平洋に覇権の手を伸ばそうとするとき、いかに日本列島が邪魔な存在であるかがいやというほど実感できる。中国が尖閣どころか、沖縄を自分のものにしたいという野望を持つのは当然であるという気がしてくる。だからといって、侵略してくださいというわけにはいかないが、相手の動機や衝動を正しく知ることは、国防上これからますます重要である。

ところで、猪瀬副知事が使った地図は、この地図の中に埋め込まれて掲載されている「日本の排他的経済水域概念図」というものである。次の図だ。

日本の排他的経済水域概念図

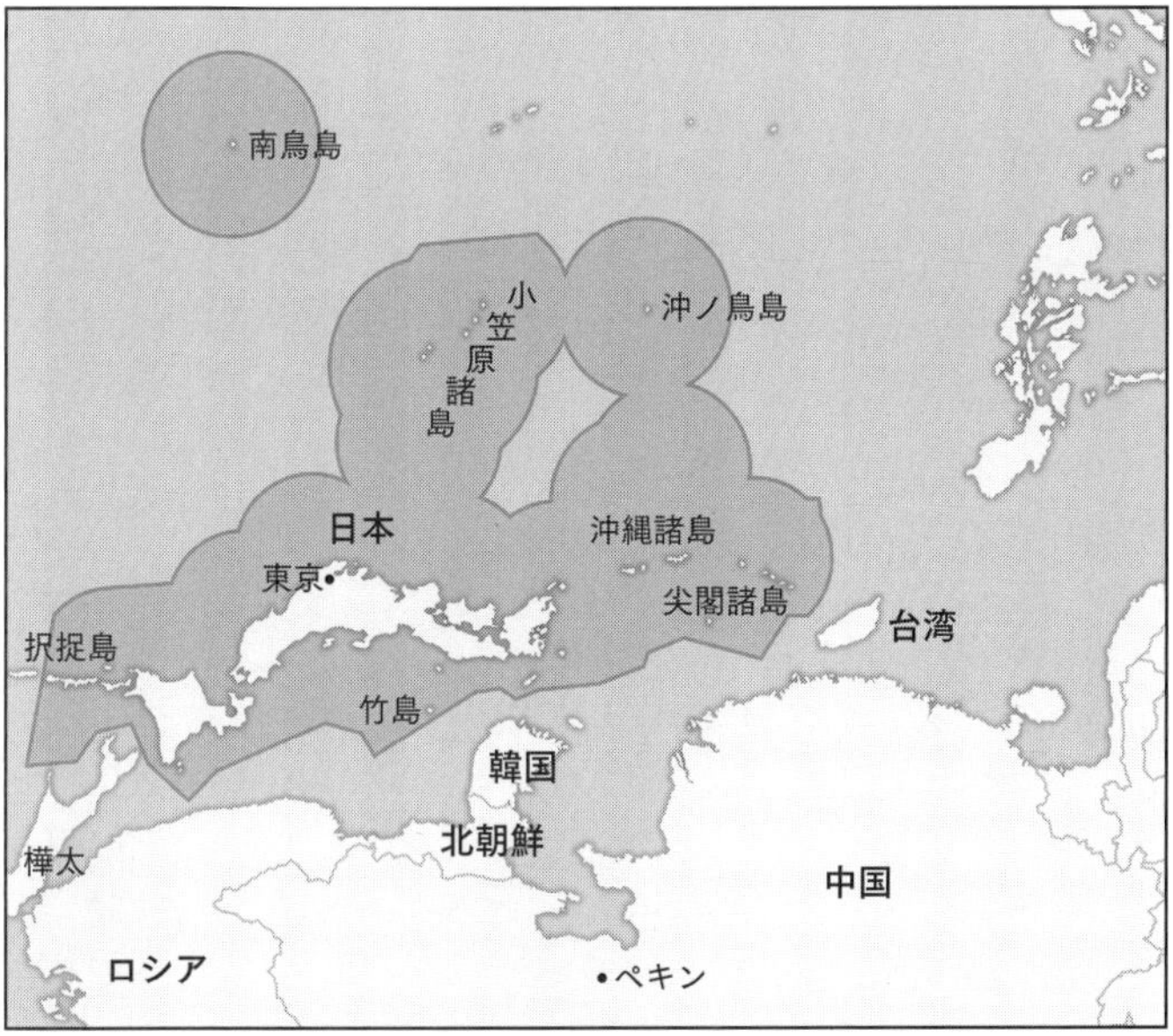

尖閣諸島や沖縄がいかに大事な領土なのかがよくわかる。

出典：日本戦略研究フォーラム「東アジア地勢図」

ご覧の通り、東京を基点にして見ると、扇状に東から、南鳥島、小笠原諸島、沖ノ鳥島、と連なり、その扇の右手の延長上に尖閣諸島が存在するという位置関係がよく分かる。逆さ地図の効用である。

アホウドリと日本人

ところで、太平洋に浮かぶ国境の島に、「鳥島」という言葉が共通に入っていることに興味を持つ人もいるだろう。南鳥島、沖ノ鳥島のどちらにも「鳥島」が入っている。これは、日本人が太平洋に浮かぶ自国の島について持っていた視覚的イメージを探る上で手がかりになると思う。

まず、もともと「島」という漢字の中に「鳥」が入っている。「島」は「山」と「鳥」の二つの文字を組み合わせて出来た会意文字《かいいもじ》の一種である。漢字をつくった古代の中国人から見ると、海の中に浮かぶ山の形をしたものが島であり、そこには鳥がいるというのが相場だったのだろう。その鳥は渡り鳥で、渡りの途中で羽を休めることは、鳥の生態にとって重要な意味を持っていた。「島」の異体字には、「嶋」や「嶌」があるが、いずれも

「しま」と読み、意味は同じである。

その上で、さらに「鳥島」という地名が生まれるからには、よほど印象的な鳥がいたのである。それはあれこれの鳥ではなく、アホウドリのことである。アホウドリは今日では鳥島（全国に主なものでも七箇所もある同名の「鳥島」と区別するため、「伊豆鳥島」ともいう）と、尖閣諸島の北小島、南小島にしかいないが、かつては太平洋上の島々に広く分布していた。戦前の尖閣諸島の写真に、アホウドリが空を群舞する様子を写したものがあるのを記憶している人もいるだろう。まるでヒッチコックのホラー映画「鳥」を思い出させるような、すさまじい密度で空いっぱいに群舞していた（P247参照）。

アホウドリは別名バカドリとも呼ばれ、どちらにしても失礼な名前だが、人が近づいてもすぐに飛び立つことができないので、簡単に捕殺されてしまうことからこの名前が付けられた。アホウドリは、世界最大級の海鳥で、両翼を広げると二メートルにもなる。夏は北太平洋の島で暮らし、冬に繁殖のため日本近海に南下する。その羽毛に商品価値がつき、一攫千金《いつかくせんきん》を夢見た日本人が商業化に乗り出した。島に堆積《たいせき》した糞は、グアノと呼ばれ、リン鉱石や肥料となった。その結果、乱獲によってたちまち絶滅が危惧《きぐ》されるほどになり、禁猟対象とされた。

しかし、幕末から近代の日本人にとって、太平洋上の島は、アホウドリの棲息するところであるとしてイメージされていたのであり、アホウドリが日本人をこれらの島に招いたといえるのである。今日、日本が海洋大国となっているのは、間違いなくアホウドリとの縁であることになる。

日本の領土について、興味と話題は尽きないが、序章はここで打ち切りとし、早速国境の島々の物語の世界に入っていただこう。

第一章　竹島

時代とともに名を変えた紛争の島

山﨑ちあき

島根県にある、日本人が直接渡航できない島

竹島は日本海に浮かぶ島で、北緯三七度一四分、東経一三一度五二分に位置する。島根県の隠岐《おき》諸島から北西へ約一五七キロ離れた地にある。東島、西島と呼ばれる二つの岩島と数多くの岩礁から成り、総面積は東京の日比谷《ひびや》公園とほぼ同じ（東京ドーム五つ分くらいの大きさ）である。

竹島は日本列島と朝鮮半島の間にあり、日本の領土でありながら韓国に不法占拠されている島である。日本では島根県隠岐郡隠岐の島町竹島官有無番地となっている。韓国では独島《トクト》と呼び、住所は、慶尚北道鬱陵郡鬱陵邑独島里山一番地から山三七番地である。この島にはもともと人は住んでいなかったが、現在は韓国の警備隊が常駐している。警備隊を除いた住民は四人で、日本人は日本から直接行くことすらできない。韓国では独島旅行社があり、船でこの島に渡ることができる。

しかし、日本人も韓国人も、自分の本籍を竹島（独島）に移すことは可能である。島根県隠岐の島町調べによると、平成二十四年一月一日現在、七九人が竹島に本籍を移している。韓国は二〇一一年二月の段階で約一〇〇〇人が本籍を移しており、中には国会議員も

竹島の位置

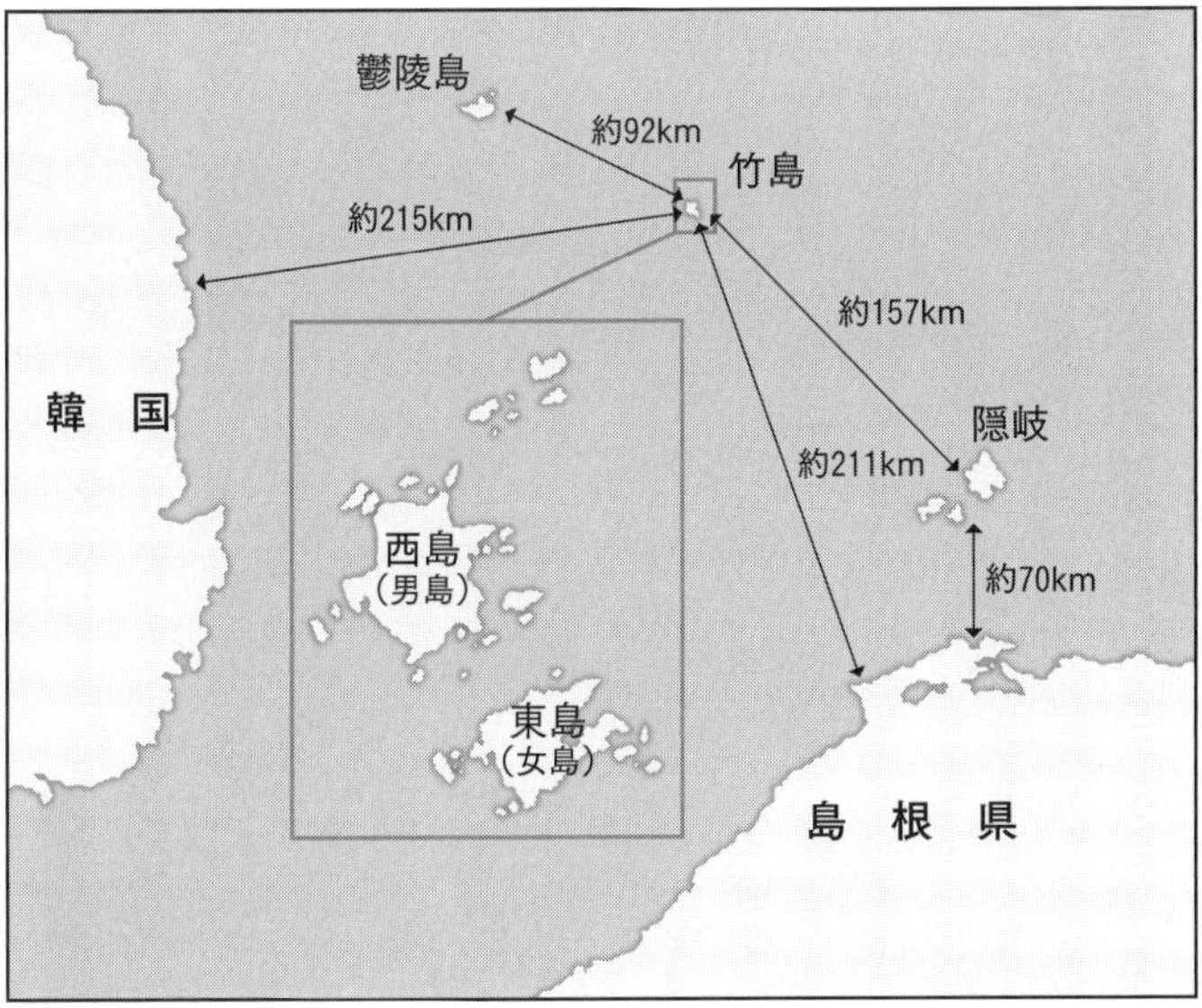

隠岐から157キロ、竹島は二つの小島とその周辺の総計37の岩礁から構成されている。

含まれている。

韓国は一九九五年、鬱陵島《うつりようとう》（ウルルンド）に独島博物館を建設した。また国土海洋省が竹島に五〇〇〇トンの旅客船が接岸できる大型埠頭兼用防波堤を建設する構想をまとめ、基本設計を終えている。さらに二〇一〇年には、海洋科学基地の建設構想が明らかになった。施設は竹島の北西約一キロ地点にあり、周辺の海流変化や海水温度などを観測するためのものだという。建造物は水深約五〇メートルの海底から洋上に達する。地上一五階建て相当のヘリポートを備えた建築物で、総工事費は四三〇億ウォン（約三三億円）。二〇一三年に竣工《しゆんこう》が予定されている。施設の建設以外にも、世界に向け竹島が韓国領だとする広報活動をさかんに行なっている。

教育面では、まず、幼稚園で「独島の歌」が教えられる。次いで、小・中・高では、二〇一二年から、独立の教科として「独島の授業」が導入された。高校の歴史教育では、同年から国定教科書による「国史」の授業にかわって、検定教科書による「韓国史」の授業が実施されることになった。教科書を見ると、従来の「国史」の教科書では、このテーマは「日本との関係」という項目の一部として取り上げられていたのだが、「韓国史」の教科書では、「独島は我が領土」という独立の項目として取り上げられている。

　このように、日本と韓国では「竹島」に対する取り組みにかなりの差が見られる。日本政府は「竹島は日本固有の領土です」としているものの、国民には竹島の存在があまり知られていない。実際、韓国人は「独島」と言えば、「わが領土」と返ってくるが、日本人に「竹島を知ってる?」と聞くとたいてい「どこにある島?」と返ってくる。どこにある島かもわからず、さらに現在韓国人が住んでいるとなると「韓国人がいるなら韓国領でいいんじゃないか?」という発想に繋がる。

　この他、韓国側は竹島と関連して「日本海」を「東海」に変えようという動きも出てきている。実際、国際水路機関（ＩＨＯ）に対し、「東海」への名称変更を要求している。日本であまり報道されていないだけで、韓国は日本の領土を韓国の領土にしようと必死に活動しているのである。

　では、竹島はどのようにして日本領となったのだろうか。そして、なぜ日本から行けなくなってしまったのだろうか。

「松島」「リアンクール島」「竹島」――この島の呼び名は変遷する

竹島のことを語るとき、しばしば鬱陵島が登場する。この二島は時代により呼び名が変わる。なぜ名前が変わり、どのように変わっていったのであろうか。島の名称の混乱を避けるため、この後は現在の名称を先に記載し、その後に当時の島名を［］内に併記する。なお、わかりやすくするために別表「竹島と鬱陵島の名称の変遷」を掲げてあるので、地図と照らし合わせて見ていただきたい。

江戸時代は現在の竹島を「松島」、鬱陵島のことを「竹島」と呼んでいた。鬱陵島では竹がよく採られていた。朝鮮の記録には篁竹《こうちく》という種類としているが、竹の太さや島に渡った人が日本にもある種類だと言っていることから、孟宗竹《もうそうちく》だと思われる。この竹は珍重され、江戸幕府から渡海許可をもらいこの島へ毎年出かけた米子《よなご》の商人大谷《おおや》、村川《むらかわ》両家に、各地の有力者は花活けにするからと注文した。そしていつしか鬱陵島は日本では竹島と呼ばれるようになったのである。現在の竹島は松竹梅のように竹の対句として松島とされたとも言われているが、はっきりとしたことはわからない。

次に、現在の竹島は嘉永二年（一八四九年）にフランスの捕鯨船リアンクール号が発見

竹島と鬱陵島の名称の変遷

江戸時代	松島	竹島
明治時代初期〜中期	リアンクール島	松島
	リアンクール岩	鬱陵島
	りゃんこ島	ダジュレー島
明治38年(1905年)以降	**竹島**	**鬱陵島**

向かって左が東島、右が西島。東島には韓国の海洋警察部隊が常駐している。写真提供　AFP＝時事

し、そのためリアンクール島（りゃんこ島）と命名した。明治初期から中期にかけて、それまでの松島を「リアンクール島（リャンクール島）」、「リアンクール岩」、「りゃんこ島」、鬱陵島を「松島」と呼ぶようになり、名前が変化した。時は帆船から蒸気船にとってかわり、アメリカやヨーロッパの国々ではアジアへの認識が急速に高まり、各国は次々と鯨と燃料補給の中継地を求めてアジア近海まで進出してきた。各国はそれぞれ発見した島に名前を付け海図に載せるが、測量の技術的な誤差もあり、島の位置を巡りしばらく混乱が生じた。竹島と鬱陵島はいくつかの名で呼ばれたが、鬱陵島については、あのシーボルトが帰国後記した『日本』の附図「日本図」の記載によるものである。

島の名が「竹島」に定着したのは、明治三十八年（一九〇五年）である。領土編入に際し、政府は検討のため島根県に打診した。これを受けて、県は隠岐島庁島司の東文輔《ひがしぶんすけ》に所管の可能性とともに名称等の意見を求めた。東は「江戸時代に竹島、松島があったが、鬱陵島が松島として存在するので、誤称により消えた竹島の名をリアンクール島にあてるべきだ」と主張した。こうして島の呼称が正式に「竹島」となったのである。

二人の男による鬱陵島渡海事業が始まった

「竹島」が文献に初めて現われたのは、江戸時代の一六四〇年代である。元和《げんな》三年（一六一七年）、商人の大屋甚吉《じんきち》（後に大谷と改名）は越後（現在の新潟県）から荷物を運んで帰る途中遭難し、鬱陵島に漂着した。『大谷家古文書』によると「甚吉全く島を巡り、越し方等熟思す。朝鮮国より相隔たる事四五拾里、人家更に無く土産所務の品之《こ》れ有り。姿や渡海の勝手相考え日を経て漸《ようや》く湊山《みなとやま》（現在の米子市）へ帰帆す」と書かれている。これで甚吉が鬱陵島全体を廻って豊富な資源の存在を確認したことがわかる。米子に帰った甚吉は米子の村川市兵衛《いちべえ》とともに江戸幕府に渡海許可を申請し、許可されると両家は毎年交代で島に渡り、七〇年余りにわたる鬱陵島渡海を開始した。

朝鮮王朝は一四〇〇年代初期から、税や軍役等を忌避して鬱陵島へ逃げ込む人々を取り締まっていて、朝鮮人を鬱陵島に入れないようにする「空島政策《くうとうせいさく》」を明治十五年（一八八二年）まで長期間とっていたことから、当時の日本人は鬱陵島を無人島と認識していた。

鬱陵島では木材、竹、アワビ、アシカ等の豊富な産物が採れた。そして一六四〇年頃には鬱陵島へ行く途中、現在の竹島を発見し、中継地として利用したり、アワビ漁、アシカ猟を行なうようになったのである。

甚吉は病気で早世し、事業は甥《おい》の大谷勝宗《かつむね》が受け継いだ。彼は「九右衛門《きゆうえもん》」と名乗っていたので、その後大谷家の当主は代々九右衛門を襲名した。九右衛門勝宗は竹島渡海の基礎を確立し、寛文《かんぶん》二年（一六六二年）九七歳で亡くなっている。次は九右衛門勝實《かつざね》である。大谷家と村川家は幕府から渡海許可をもらったお礼に、折々江戸に出て将軍や幕閣の大名に土産の品を届けている。延宝《えんぽう》七年（一六七九年）には、将軍と老中に竹島の干しアワビ五〇〇個入り一折、若年寄と寺社奉行に三〇〇個入り一折といった記録もある。勝實は万治《まんじ》二年（一六五九年）と寛文十一年（一六七一年）に四代将軍徳川家綱《いえつな》の御目見得《おめみえ》にあずかっている。

大谷甚吉とともに幕府に渡海許可を申請した村川市兵衛は、大谷甚吉亡き後も、渡海事業に情熱を燃やし、幕府との絆《きずな》も密にしていた。寛永《かんえい》三年（一六二六年）、寛永十五年（一六三八年）、正保《しようほう》二年（一六四五年）と三回江戸城で御目見得にあずかっている。この頃村川家では竹島［松島］のアシカ猟を盛んに行なっていた。寛永十四年（一六三七年）には、竹島［松島］から帰る途中、村川市兵衛の船が暴風にあい、隠岐と反対の朝鮮に流され対馬経由で帰国している。その時の対馬藩の記録にアシカの油三一四樽、アシカの身六

○俵、アシカの皮五三枚を積んでいたとあり、その他のアワビ等の量とは比較にならないほどアシカ中心の積荷だったようである。

鬱陵島渡海は禁止されるが竹島は渡海可能だった

七〇年余にわたり渡海を続けた両家に突然転機が訪れた。元禄《げんろく》五年（一六九二年）、村川家の船で渡海した人々が、七〇年あまりの間一度も遭遇したことがない朝鮮人の集団と出会った。彼らは「この島は我々の島だから二度と来るな」と説教して帰った。翌年大谷家の船が鬱陵島［竹島］に出かけると、前年以上の朝鮮人により日本側が作っていた小屋や小船を勝手に利用されていたので、ついに安龍福《あんりゆうふく》（アンヨンボク）、朴於屯《ぼくおとん》（パクオトン）と名乗る二人の男を米子に連行して帰った（安龍福については、韓国で英雄と称されており、二〇一一年竹島に通した道路に名前をつける際、「安龍福道」と彼の名前から取っている）。

鬱陵島［竹島］を四月十八日に出発し、二日がかりで隠岐の福浦《ふくうら》（現在の島根県隠岐の島町）へ帰り、隠岐諸島の島前《どうぜん》経由で出雲の長浜に立ち寄り、四月二十六日に米子に帰港した。米子ではしばらく大谷家に留まり、大谷家は二人を客として丁重に扱った。さらに、鳥取藩の藩主池田《いけだ》家に伝わる『控帳』に、元禄六年（一六九三年）五月十一日「酒は三升以下との指示」と記載されていたことからも、彼らが客人として丁重にもてなされていたことが窺《うかが》える。

六月四日、彼らは鳥取藩城下の鳥取へ陸路移送され、六月七日には護衛の藩士二人や医師、料理人らとともに長崎に向かい、六月三十日に長崎に到着している。そしてここから対馬経由で朝鮮に帰国した。同年に安龍福らが鳥取へ連行された後、江戸幕府は当時朝鮮との窓口であった対馬藩に命じて、鬱陵島［竹島］に関する外交交渉を行なわせた。交渉は難航し、三年が経った元禄九年（一六九六年）正月、鳥取藩と松江藩に竹島との所属関係を確認した後、ついに幕府は鬱陵島への渡海禁止を決定した。

こうして七〇年以上続いた鬱陵島［竹島］への日本からの渡航は終わる。これにより大谷、村川両家は家業を失うことになった。鳥取藩は大谷家には魚と鳥を扱う問屋の仕事を与え、村川家に対しては塩を扱う問屋の仕事を与えた。だが、このとき幕府によって渡海禁止とされたのは鬱陵島だけである。またその後、日本海の航路を熟知していた北前船《きたまえぶね》（大坂から下関を経て北海道に至る「西廻り」航路に従事した日本海側に船籍を持つ海運船）の船頭たちは蝦夷地《えぞち》へ向かう際に、現在の竹島の周辺を通っていたことが確認されている。よって、竹島は何ら係争地とはなっていなかったのである。

列強の進出に警鐘乱打した日本人

探検家・松浦武四郎（松浦武四郎記念館所蔵）。

江戸の終わりから明治初期にかけて、鬱陵島、竹島の重要性を国防の視点で人々に訴えた人物がいる。松浦武四郎《まつうらたけしろう》である。江戸時代から幕末、明治にかけて活躍した日本の探検家で、浮世絵師でもある。

武四郎は伊勢《いせ》国一志《いちし》郡須川《すかわ》村（現在の三重県松阪市）で文政《ぶんせい》元年（一八一八年）に生まれ、伊勢神宮に続く街道沿いで幼少期を過ごした。日本の人口が三〇〇〇万人のときに、五〇〇万人が伊勢神宮に参拝したという「文政のおかげ参り」の時代である。そして各地からやってくる人々に接する中で、彼の好奇心は日本全国へと拡がっていった。やがて武四郎は津藩の学者平松楽斎《ひらまつらくさい》の私塾で三年間学び、学問的視野を拡げた後、一六歳で全国に遊学に旅立った。

天保《てんぽう》七年（一八三六年）、山陰地方を訪れ、出雲《いずも》大社や益田《ますだ》の高角《たかつの》神社（柿本人麿《かきのもとのひとまろ》神社）を詣《もう》で、山口の萩《はぎ》まで足を延ばした。その後九州を一周し、対馬にも渡った。そんな彼が大変驚いた出来事がある。イギリスが武力行使して清《しん》に広東、上海など多くの港を開かせた天保十一年（一八四〇年）からのアヘン戦争である。この戦争後、香港がイギリスに割譲された。また、日本国周辺への外国船の頻繁な出現も彼に危機感を抱かせた。

弘化《こうか》元年（一八四四年）蝦夷地探検に出発し、その範囲は択捉島や樺太にまで及んだ。安政《あんせい》二年（一八五五年）に蝦夷御用御雇《えぞごようおやとい》に抜擢され、再び蝦夷地を踏査する。明治二年（一八六九年）に開拓判官となり、蝦夷地に「北海道」という名前をつけた。北海道の名付け親は、松浦武四郎なのである。ほかにもアイヌ語の地名をもとに国名・郡名を選定した。そのようなことから彼は「北海道人」とも呼ばれている。

松浦武四郎は、鬱陵島に対しても危機感を抱き、三回にわたり冊子を刊行して人々に配布し、現状の危機と対策を訴え続けた。この三冊は、いずれも題名を「たけしまざっし」

と読むことが共通している。まず安政元年（一八五四年）に『他計甚麼《たけしま》雑誌』を作った。そこには「去夏外国船東西に滞船し国事が杞憂すべき状態にある」、「竹島は朝鮮と我が国の間にあり人が居住していないので、ここに外国船が集まり、山陰の諸港に出没したらその害は少なくない」と書かれている。さらに元治《げんじ》二年（一八六五年）に字を変えて『多気《たけ》甚麼《しま》雑誌』、明治三年（一八七〇年）には『竹島雑誌』を書いた。そこには「日本の有志の士がかの地（鬱陵島のこと）に渡り、外国船と誠信を通じ、世界の情勢を探知すれば得策となることこの上ない」、「蝦夷、樺太、伊豆七島等に比して竹島はあまりにも知られていない」などと鬱陵島［竹島］への思いを記録している。

　彼の訴えに呼応したのが、長州藩（現在の山口県北部の藩）の吉田松陰《よしだしょういん》らである。松下村塾での鬱陵島［竹島］開拓への取り組みは、安政五年（一八五八年）二月十九日の吉田松陰から桂小五郎《かつらこごろう》への書簡での提案から始まるといわれる。そこでは鬱陵島［竹島］開拓は天下無事ならば幕府の利益になるし、海外との事変、朝鮮や満州への進出の時は日本の拠点になるからとしている。松下村塾の塾生桂小五郎（のち木戸孝充《きどたかよし》と改名）、村田蔵六《むらたぞうろく》（のち大村益次郎《おおむらますじろう》と改名）は、松陰が処刑された翌年の万延《まんえん》元年（一八六〇年）七月二日、幕府に「竹島（現在の鬱陵島）開拓に関する建言書」を提出した。しかし、幕府からの返事は「鬱陵島は朝鮮付属の島と決定しております。ですから、長州より願い出ても御許可することはできません」という内容で、鬱陵島開拓は実現しなかった。

武四郎は晩年、東京神田五軒町（現在の東京都外神田）の自宅に、自分が旅した全国各地から送られた木材で書斎「一畳敷」を作り、そこで過ごすのを日課とした。この時、出雲大社の千家家《せんげけ》が彼の求めに応じて、古い神棚の板材を提供したそうである。「一畳敷」は何回か移設した後、現在は国際基督教大学の敷地内にある。

政府に「領土編入」を願い出た実業家

明治期に入り、竹島を日本領とするように訴えた人物が中井《なかい》養三郎《ようざぶろう》である。養三郎は元治元年（一八六四年）一月二十七日、鳥取県東伯郡小鴨《おがも》村大字中河原（現在の鳥取県倉吉市）で父甚六、母ウラとの間に三男として生まれた。実家は醸造業を営んでいた。

養三郎は明治十一年（一八七八年）に下田中小学校を卒業すると、松江へ遊学し、儒家内村《うちむら》鱸香《ろこう》翁の門に入り漢学を学ぶ。明治十八年（一八八五年）になるとさらに漢学を深めようと東京にある斯文《しぶん》学会（現在の斯文会）で学んだが、大都会の熱気の中で学問から実業へ方向を変え、翌年には漢学を捨てた。養三郎が二三歳の時のことであった。

彼自身が記した履歴書によると、この頃から潜水器漁業に取り組むようになった。潜水器漁業とは、ナマコ、アワビ等を捕獲する水産事業のことである。潜水器というのは船上でポンプを動かして潜水夫に空気を送り、潜水夫は金属製の重い服を着用し、頭からスッポリ双眼鏡のついた円形のかぶり物を装着して、海中に降りて漁をする方法で、現在でもウニ漁を行なう際に用いられたりしているようである。養三郎はこの事業をロシアのウラジオストックや朝鮮の全羅道《ぜんらどう》（チョルラド）、忠清道《ちゅうせいどう》（チュンチョンド）、鳥取県の御来屋《みくりや》、島根県の隠岐、石見《いわみ》の沿海等で行なった。

実業家、中井養三郎（『日本海に浮かぶ――ふるさとアルバム西郷』（西郷町発行）P128より）。

明治三十六年（一九〇三年）、彼は水産事業の一環として竹島「りゃんこ島」でのアシカ捕獲を企画した。まず島の状況を把握しておく必要があると、同年五月に同郷の小原岩蔵《おはらいわぞう》、隠岐の島谷権蔵《しまたにごんぞう》と共に竹島

［りゃんこ島］へ渡った。小原とこの島に小屋を作り、二年間アシカ猟を試みた。養三郎はこの水産事業は採算がとれると確信するが、竹島の領有権を明白にしておく必要があると考え、明治三十七年（一九〇四年）「りやんこ島領土編入並《ならび》ニ貸下願」を作成し、九月二十九日に内務省（内務大臣・子爵　芳川顕正《よしかわあきまさ》）、外務省（外務大臣・男爵　小村寿太郎《こむらじゅたろう》）、農商務省（農商務大臣・男爵　清浦奎吾《きようらけいご》）の三省に提出した。この中には竹島［りゃんこ島］の位置、島の様子、アシカの生息地であるということなどが詳細に書かれている。そして、この島には資源が充分なので、無人島なら日本領に編入して欲しいと訴えた。彼を応援したのが、隠岐出身の農商務省水産局員藤田勘太郎《ふじたかんたろう》であった。

明治三十八年（一九〇五年）一月二十八日、政府は「中井養三郎という者が該島（竹島）に移住して漁業に従事していることは関係書類から明らかだとすると、国際法上占領の事実があるものと認め、これを本邦所属とし島根県所属隠岐島司の所管とし差し支えないと考える」と閣議決定した。これを内務大臣が島根県知事に伝え、島根県知事松永武吉《まつながぶきち》は同年二月二十二日島根県告示として公表した。

島根県が告示を公表した一〇〇年後の平成十七年（二〇〇五年）、島根県は漁業問題と竹島問題の早期解決を求めて、この二月二十二日を島根県条例で「竹島の日」とし、国民

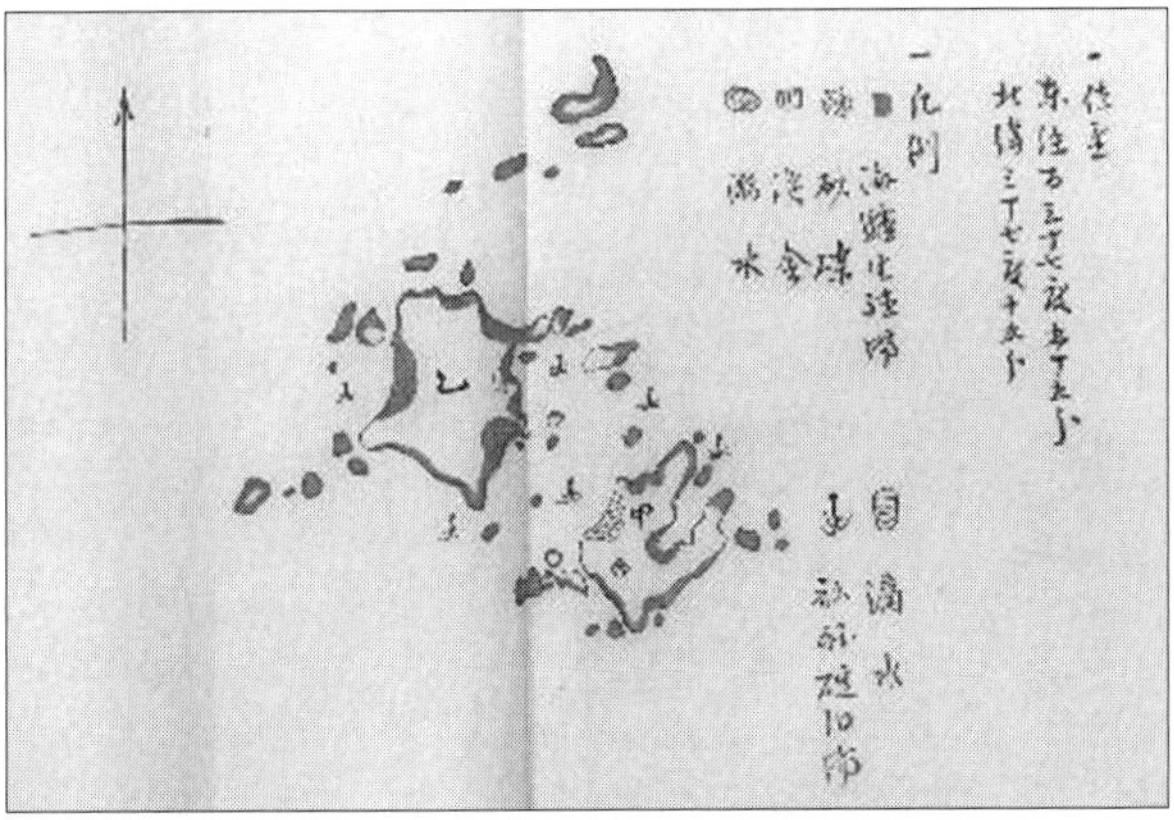

「りやんこ島領土編入並ニ貸下願」に図示された竹島（外務省外交史料館所蔵史料）。

にこの問題への関心と協力を呼びかけた。

島根県は告示の翌年の明治三十九年（一九〇六年）三月、島根県庁の第三部長神西由太《じんざいよした》郎《ろう》を団長とし、隠岐島司であった東《ひがし》文輔《ぶんすけ》ら各方面の代表四五名からなる視察団を結成して竹島の調査を行ない、全貌を把握しようとした。この視察団の一人として中井養三郎もいた。調査の記録は、同行した奥原福市《おくはらふくいち》（碧《へき》雲《うん》）が『竹島及鬱陵島』所収の「竹島渡航日誌」に詳細に記している。「竹島渡航日誌」によると、竹島に向け隠岐の西郷港で風待滞在をしていた三月二十五日、奥原は同行の中《なか》島善夫《じまよしお》島根県技手から養三郎を紹介された。奥原は養三郎と会談し、これまでの彼の苦心や経歴に興味を持った。そして明治三十九年

『竹島経営者　中井養三郎氏立志傳』をまとめ、彼の業績を記した。

隠岐に帰った養三郎は、アシカ猟の許可を県に申請した。養三郎のほかに井口《いぐち》龍太《りゆうた》、加藤重蔵《かとうじゆうぞう》、橋岡友次郎《はしおかともじろう》といった人たちも申請した。そこで東文輔は共同事業とするよう勧告し、養三郎は「竹島漁猟合資会社《たけしまぎよりようごうしがいしや》」を設立した。養三郎は大正三年（一九一四年）まで竹島漁猟合資会社の代表社員という地位にあった。代表社員を務める傍ら、北海道庁へ千島付近での水産業の着手を申請した。当時政府は、補助金を出して奨励していたようである。政府から許可が下りた同年、長男の中井養一に代表社員の地位を譲った。養一は大正五年（一九一六年）に旧制中学を卒業すると、自ら毎年竹島に渡り、会社のために陣頭指揮をとっている。その後しばらく会社運営にあたっていたが、昭和三年（一九二八年）漁業権を八幡長四郎《やわたちようしろう》に売り渡し、隠岐を去った。

養三郎の故郷に、甥の中井金三《きんぞう》という旧制鳥取県立倉吉中学校の美術教師がいた。東京美術学校（現在の東京芸術大学）に学び、師に黒田清輝《くろだせいき》、同級生に藤田嗣治《ふじたつぐはる》、岡本一平《おかもといつぺい》がいる。卒業制作の題材として、「アシカ猟」と「灯台守の女」の二点を提出した金三は、明治四十二年（一九〇九年）六月二十日竹島に渡る。一カ月の滞在予定だったが、迎えの船は三カ月目にようやく来て、海は荒れる時期になっていた。はたして帰航途中に大時化《おおしけ》

学生の前で授業を行なう中井金三（「創立百周年記念誌倉吉東高等学校」より）。

に遭うが、彼はこの時の体験記を書き、「アシカ狩り」、「竹島風景」の二点の作品を残している（現在この絵の所在は不明である）。ところが、卒業制作には隠岐のイカ干しの漁婦たちを三カ月かけて一〇〇号の大作「河岸《かし》」に描いた。帰航の大時化でイカ釣り漁船の沈没に遭遇したのが原因とも言われている。そして、「河岸」は現在、故郷の倉吉市立博物館に彼の二〇点余りの作品とともに保存されている。

最近になって、金三と竹島を結びつける興味深い写真が見つかった。倉吉東高等学校が「創立百周年記念誌」を編纂している過程で、昭和十六年（一九四一年）に金三が美術教師として黒板を使って竹島の様子を教えている写真が出てきたのである。そこには竹島とともに島に生息するニホンアシカが描かれている。

ニホンアシカが生息していた

ニホンアシカは第二次世界大戦直前まで存在し、日本人が猟の対象としたアシカの一種である。現在は絶滅したと言われ、剝製《はくせい》としては全世界で一〇体ほどしか残っていない。島根大学に一体、島根県内の高校に三体（県立大社高校、県立出雲高校、県立松江北高校）、大阪の天王寺動物園に三体で、日本国内には合わせて七体が現存する。残りの三体は、江戸時代末期長崎に来日したシーボルトが持ち帰り、オランダのライデン博物館などに存在することが確認されている。

島根県が竹島を領土編入した年の八月、松永武吉は数人の県職員らとともに竹島に渡り、三頭の生きた子どものニホンアシカを連れて帰った。県庁の池で飼おうとしたところ、まもなく死亡し剝製にされたと当時の新聞に掲載されている。この三頭が島根県の高校に残っているものである。

江戸時代に日本人が鬱陵島と竹島に行き、大谷、村川家がアシカ猟を行なっていたこと

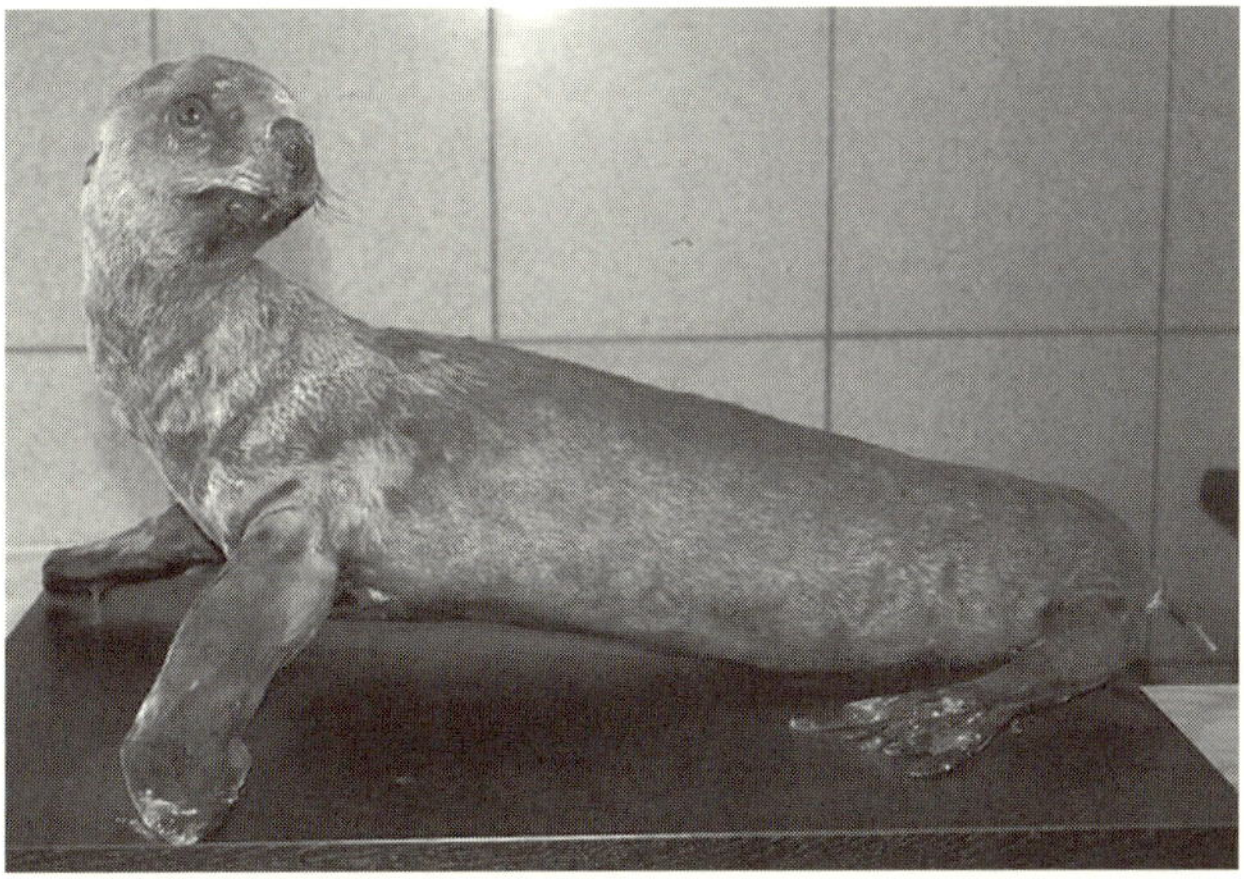

ニホンアシカの子どもの剝製（写真提供　竹島資料室）

は先に触れた。このニホンアシカは江戸時代には「みち」とか「みちのうお」と呼ばれていた。現在の出雲大社の神事である「相嘗《あいなめ》の儀《ぎ》」は「みちの皮の上に膳を置いて行う」とあり、歴史のある神社には「みち」という呼称が残っている。

『古事記』『日本書紀』の神話に「海幸彦《うみさちひこ》、山幸彦《やまさちひこ》」という神々の神話がある。出雲大社総務課によると、その中で山幸彦という神が海の神様の宮殿を訪れた際、「みちの皮」を敷いた場所でもてなしを受けた記述があるそうである。このようなことから、アシカはこの世と異界を結ぶ神の遺いとして神聖視されていたのであろう。しかし、「みち」の語源は不明で『古事記』では「美智の皮」、『日本書紀』では「海驢《みち》の皮」とされている。

もうひとつ興味深い記録がある。明治四十年（一九〇七年）の東宮殿下（後の大正天皇）山陰行啓に関する島根県の書類である。五月二十二日の献上品記載に、竹島産アシカ皮七枚とある。この時のアシカ皮が出雲大社と同様に、今日の宮中において「相嘗の儀」に使われているのかどうかは分からないが、興味深いところである。

また、一八五一年に行なわれたロンドン万国博覧会において、ニホンアシカで製作したカバンが銀賞を受賞している。

明治中期から昭和初期まで、養三郎のもとで三〇年余りアシカ猟をした中渡瀬仁助《なかわたせじんすけ》という人がいる。彼は竹島の岩礁の上から鉄砲でアシカを射止める名手で、明治三十八年（一九〇五年）五月二十七、二十八日の日露戦争での日本海海戦の際に竹島にいて、海戦を間近に目撃したと語っている。この頃の漁獲量は「竹島漁猟合資会社」の報告書によれば、明治三十九年（一九〇六年）約一三〇〇頭、同四十年（一九〇七年）約二〇〇〇頭、同四十一年（一九〇八年）は約一八〇〇頭となっている。

昭和に入ると生きたニホンアシカがサーカス等で求められるようになり、隠岐の猟師は竹島の洞窟の前に網を張り追い出す方法で捕獲した。その猟を体験した吉山武《よしやまたけし》は、子育て期の親アシカの捕獲は危険を伴う緊張した作業だったと語っている。昭和十年（一九三五年）に生きたニホンアシカ三〇頭の捕獲を求められた橋岡忠重《はしおかただしげ》は、生きたまま境港に運ぶ条件で一頭一四〇円の契約をしている。当時の一〇〇円は現在の七万円にあたるので、これはかなりの高額（約三〇〇万円相当）の取り引きであった。

命がけで極秘出漁した一一人の漁師たちは最後の漁へ向かった

昭和二十九年（一九五四年）五月三日、島根県の要請を受けた久見《くみ》漁業協同組合員一一名は竹島に渡航した。当時久見漁業協同組合長であった脇田敏《わきたとし》（当時三八歳）の手記には竹島渡航の経緯が記されている。同年四月二十二日、島根県水産商工部の井川技師から電話があり、四月二十七日に二人は面談した。そして五月三日、島根県の漁業取締船「島風」に小舟三隻と漁具を積み込み、海上保安庁第八管区保安部の巡視船「おき」、「くずりゅう」、「ながら」、「みうら」、「へくら」の五隻に護衛されながら、戦後初めて漁業権を行使し、竹島に行った。この時、「島風」の横を「おき」が護衛し、他の四隻が扇形に展開しながら竹島に向かった。竹島に到着するとすぐに小舟を降ろし、操業にかかったが、万が一の場合は赤旗を振りサイレンを鳴らすから「島風」ではなく「おき」に向かうよう言われていたようである。

そしてこれが最後の漁となった。

話はその二年前にさかのぼる。昭和二十七年（一九五二年）一月十八日、当時韓国の大統領であった李承晩《りしょうばん》が一方的に竹島を韓国領に含めた「李承晩ライン」を引き、後に警備隊を常駐させ不法占拠を開始、さらに日本の漁船を拿捕抑留《だほよくりゅう》した。このとき射殺された船員も出た。拿捕された船員たちは韓国海洋警備警察から取り調べを受け、釜山《ぷさん》地方法院にて起訴された後、裁判の結果、釜山刑務所に服役した。これよりさき、昭和二十六年（一九五一年）九月八日、サンフランシスコ平和条約が調印されるが、韓国は米国に日本が平和条約で放棄した領土に対馬、竹島を追加することを要求した。しかし、米国は昭和二十六年八月十日「ラスク書簡」にて「独島、もしくは竹島、リアンクール岩として知られている島については、我々の情報によれば、日常的には人の居住しないこの岩礁は、韓国の一部として扱われたことはなく、一九〇五年頃からは、日本の島根県隠岐島庁の管轄下にありました。この島について、韓国によりこれまで領土主張されたことがあるとは思われません」と韓国の要求を拒否した。

竹島を韓国領に含めた「李承晩ライン」

韓国政府が一方的に設定したこの軍事境界線は、韓国では「平和線」と宣言された。

ところが、李承晩大統領（当時）は条約発効直前の一九五二年一月十八日（条約発効は四月二十八日）、一方的に竹島を韓国領に含めた「李承晩ライン」を引いたのである。これにより、戦後韓国に拿捕された日本漁船は三二六隻、抑留された日本人は三九〇四人にものぼる。この「李承晩ライン」が引かれた後に、隠岐の漁師たちは竹島に向かったのである。

この時、一一名の組合員は危険を伴う出漁に際し、家族には告げず地元の神社の宮司だけに告げて出漁した。この時の様子は、脇田敏組合長の手記『竹島漁業権行使の経過』に「私達の行動は極秘にと言われていたので、家族にも行き先は伝えなかった。ただ自分達に万一のことがあった時のことを考えて、地区の宮司八幡克明《やわたかつあき》さんに事情を打ち明けた」と記している。また竹島に渡る日の様子について宮司の娘は、「その日、日ごろと違い、少女時代の私にとっても異様な雰囲気につつまれて一一人がまったく無言で海に向かわれたのを覚えている」と語っていたそうである。

また漁師の一人、八幡才太郎《さいたろう》（当時六五歳）もこの日の緊迫した状況を克明に日誌に記している。五月十三日午前別府港を出航。十四日未明には先導の艦船より無線で、韓国人は居ない、急いで航行せよとの連絡が入り、全速力で竹島に着いた（引用者注・日付は五

「島風」に乗り、最後の漁に向かう漁師たち（写真提供　竹島資料室）。

月三日と四日の間違いと思われる)。人影はなかったが、日本領土と書かれた標柱は破損され、朝鮮領土と書き換えられてあった。これを日本国島根県と書いてきたそうである。当日の漁獲高は、ワカメ二〇〇〇貫、アワビ、サザエ約一〇〇貫であった。なお「隠岐公論」(隠岐の情報誌)によると漁中は韓国側の出漁を警戒し無我夢中で作業を行ない、巡視船「おき」が島周辺を哨戒、レーダーを「鬱陵島」に向け漁民を保護していた。

カメラのレンズを通してこちらを見るサムライたちの顔がある。その後方に写りこんでいる巡視船の姿は、漁師と竹島を守ろうとした「国の意志」を映し出している。戦後、争いを避け、「竹島爆破論」や日本海を「友愛の海」にしようという動きもあった。領土とは何か、なぜ先人たちは危険を冒してまでも「竹島」に拘《こだわ》ったのか、今一度再確認する必要があるのではないだろうか。そして、二月二十二日の「竹島の日」の式典をはじめ、竹島に対する研究や対策は島根県に依存するのではなく、国家として取り組むべきではないだろうか。

〈参考文献〉

杉原隆『山陰地方の歴史が語る「竹島問題」』谷口出版　二〇一〇年
奥原碧雲『竹島及鬱陵島』報光社　一九〇七年
奥原碧雲『竹島経営者　中井養三郎氏立志傳』一九〇六年
下條正男『竹島は日韓どちらのものか』文藝春秋（文春新書）二〇〇四年

第二章　樺太

北の守りと樺太探検に命をかけた男たち

松浦明博

ソ連軍は終戦後も樺太を武力侵略した

日本列島は南北に長くのびている。その形は龍の身体のような姿で、その髭《ひげ》の部分にあたるところが北方の島々（歯舞《はぼまい》、色丹《しこたん》、国後《くなしり》、択捉《えとろふ》）である。この四島は、早くから日本人（最上徳内《もがみとくない》、近藤重蔵《こんどうじゅうぞう》、間宮林蔵《まみやりんぞう》、松浦武四郎ら）によって探検され、日本の領土になっていた。いっぽう、樺太も早くから日本人（松前藩士大石逸平《おおいしいっぺい》、最上徳内、松田伝十郎《まつだでんじゅうろう》、間宮林蔵、松浦武四郎ら）によって探検された。樺太は、龍体の頭の上に烏帽子《えぼし》のように乗っている。烏帽子の中でも、特に縦に長い立烏帽子のようであり、最も格式が高く、現在も神官などが着用する。今の日本は、烏帽子を奪われ高貴ある国柄も失うとともに、髭をつかまれ身動きもできず、世界の空に飛翔できない状態が続いている。

昭和二十年（一九四五年）八月九日、旧ソビエト連邦は日ソ不可侵条約を一方的に破り、当時、日本の領土であった中国東北部（満州）や樺太に侵攻を開始した。日本は、ソ連がドイツ軍に攻め込まれ苦戦を強いられている際に、三国同盟よりも不可侵条約の方を遵守《じゅんしゅ》し、一度も国境侵犯することもなかったにもかかわらず、である。

八月十四日、日本政府はポツダム宣言を受諾、翌十五日には終戦の詔勅が発せられた。

日本軍は、勅命に従い速やかに武装解除した。樺太内のすべての官公署には白旗が掲げられた。ところがソ連軍は、終戦後もさらに攻撃を続け、攻撃中止を求める日本軍使に対して「敗者に国際法はない」とソ連軍司令官自ら返答し、白旗を掲げた軍使を射殺した上、無差別攻撃に及ぶなど、無法の限りを尽くした。続く八月二十日、ソ連軍兵士の銃声が迫るなか、孤立無援の樺太真岡《まおか》郵便電信局にあって避難誘導の職務を全《まっと》うせんとした九人の乙女たちは、「みなさん、これが最後です。さようなら、さようなら……」と打電して自決した。

＊一九七四年、この史実を描いた映画『氷雪の門』が、一般公開前にソ連の圧力で上映中止に追い込まれた。二〇〇〇年にビデオ化され、ようやく陽の目を見ることができた。

また、八月二十二日には北海道留萌《るもい》沖で、女性や老人・子どもら避難民を満載し樺太から宗谷《そうや》に向かう小笠原丸（明治四十四年に長崎市池島沖で座礁していたロシアの客船「リャサン号」を救助したことで知られる）など引き揚げ船三隻が無警告で大破・撃沈された。

さらに、樺太大泊《おおとまり》（現コルサコフ）から出撃したソ連軍は、八月二十八日から九月五日にかけて歯舞・色丹・国後・択捉に上陸し武力で占領した。このため北方の島々は、現在に至るまでソ連および、それを受け継いだロシアが支配を続けている。

日本はサンフランシスコ講和会議で千島列島と樺太南半分の領有権を放棄した。そこには、北方四島（歯舞・色丹・国後・択捉）は入っていないにもかかわらず、現在、ロシアが不法に占拠した状態が続いている。一九五二年（昭和二十七年）三月、アメリカ合衆国上院は「南樺太及びこれに近接する島々、千島列島、色丹島、歯舞群島及びその他の領土、権利、権益をソビエト連邦の利益のためにサンフランシスコ講和条約を曲解し、これらの権利、権限及び権益をソビエト連邦に引き渡すことをこの条約は含んでいない」とする決議を行なった。この米上院の決議の趣旨は、サンフランシスコ講和条約第二十五条として明示的に盛り込まれている。

樺太は、帰属先が未定であるにもかかわらず、今もロシアが一方的に軍事占領し、その後も支配を続けている。

チェーホフは『サハリン島』で日本人を評価していた

　世界的に著名な作家アントン・チェーホフは、その著書『サハリン島』のなかで、日本の測量師間宮林蔵が、一八〇八年に島の西海岸を小舟で航行し、韃靼《だったん》地方とアムール河口に滞在して、注目すべき地図を作成したことを記している。そして、まぎれもなく「彼(間宮)が最初にサハリンが島であることを証明したのだ」と述べている。チェーホフは、サハリン島の探検に果たした日本人の功績を強調し、間宮林蔵の業績も高く評価した。また、日本人が最初にサハリンを調査したことを力説し、ヨーロッパでは、日本人の貢献が認識されていないと指摘している。チェーホフは、シーボルトの文献や自らがサハリン島を三カ月間にわたり調査した結果から、このような確信に至ったのである。彼は、日本の外交官とも交流し、日本への渡航も計画したが果たせぬまま、一九〇四年にこの世を去った。

　現在、世界各国の主要地図には、間宮海峡ではなく、タタール海峡と表記されている。シーボルトやチェーホフの対日評価の部分はロシアでは意図的に削除されがちであり、このままでは、先人たちの命がけの努力も忘れ去られてしまう懸念が多分に存在する。

北方領土問題というと、千島列島の四島（国後、択捉、歯舞、色丹）の帰属・返還問題を指しており、日本政府は四島について正式に返還を要求してきた。しかし、樺太（サハリン島）に関しては、公式な返還要求は一度もなされていない。

チェーホフの『サハリン島』にみられる日本人の功績とその意義は、日露間の領土問題の解決に必要不可欠な認識事項である。樺太（サハリン）の南半分は日露戦争の結果ロシアから日本に割譲され、第二次大戦の結果、ソ連の領土になったと信じられてきた。しかし本来、樺太は、日本の先人たちが世界に先駆け、命をかけて探検・開拓をした土地である。それを帝政ロシアも認識していたからこそ、国力では勝っていても日露和親条約および日露修好通商条約において、「樺太は日露両国の雑居地である」と取り決めたのである。

樺太は、決して侵略や戦争で奪い取ったものではない。それを日本人はよく知る必要がある。

アイヌ語から派生した樺太という名称

カラフトはアイヌ語の「カムイ・カラ・プト・ヤ・モシル」（神が造った河口、丘、島のある土地）から派生した名称で、日本では、アイヌ地名を採用して、カラフトと呼称している。また、唐人（からひと）がなまって、唐太（からふと）となったという説（高橋景《たかはしかげ》保《やす》）もある。

日本では江戸時代、北海道以北を当初は「蝦夷地」という名称にしていたが、一八〇九年から現在のサハリン島を「北蝦夷」と公称し、明治二年（一八六九年）に、判官松浦武四郎（編注・P53参照）の提案で、樺太（カラフト）という名称が制定されたのである。

ロシア側が使うサハリンという名称は、満州語から派生した言葉のようである。アムール川（黒竜江）を満州語で「サハリャン・ウラ」（黒い河）と言うが、この満州語の名称がロシアの古い地図でサハリン島に記載され、その後に発行された地図でもそのまま印刷され、サハリンとして定着するようになったという。

ロシア人は、サハリンのアイヌ地名を完全に無視しロシア人固有の名称に変えたが、日本側は、明治期に一部、地名変更したものの、ほぼアイヌ地名を採用している。例えば、支庁のあった敷香（しすか又はしっか）は、アイヌ語のシリ・トゥカリ（山の・手前）の転《てん》訛《か》したもの、樺太の玄関港だった大泊は、ポロ・アン・トマリ（大きく・ある・泊地）を意訳して付けられた地名、樺太最南端の西能登呂岬はノトロと呼ばれ、ノッ・オロ（岬・

処）からきている。

樺太は南端から北端まで、その南北の全長は九四八キロメートルであり、東西の幅は最狭部で二六キロメートル、最も広い部分で一六〇キロメートルの南北に細長い島で、その面積は七万六四〇〇平方キロメートルである。北海道全体の面積は八万三四五六平方キロメートル（北方四島などの面積も含む）であるが、北海道本島の面積は七万七九八四・一五平方キロメートル（九州の二倍の面積）で樺太とほぼ同程度である。樺太とこれに付随する広大な海域が、現在ロシアの支配下にある。

樺太、そこは我らの父祖が、数多くの犠牲を払い探検・開拓した地に他ならない。それはロシアによる東方《ウラジオストーク》の征服の遥か以前のことであった。

中世の樺太にまつわる日本人たち

日本人（和人）による北方地域（樺太等）の探検の歴史は古く、記録に残るものとすれば日持上人《にちじしょうにん》に始まる。しかし、これは開拓というより樺太アイヌへの布教の旅である。

間宮林蔵が探検した樺太

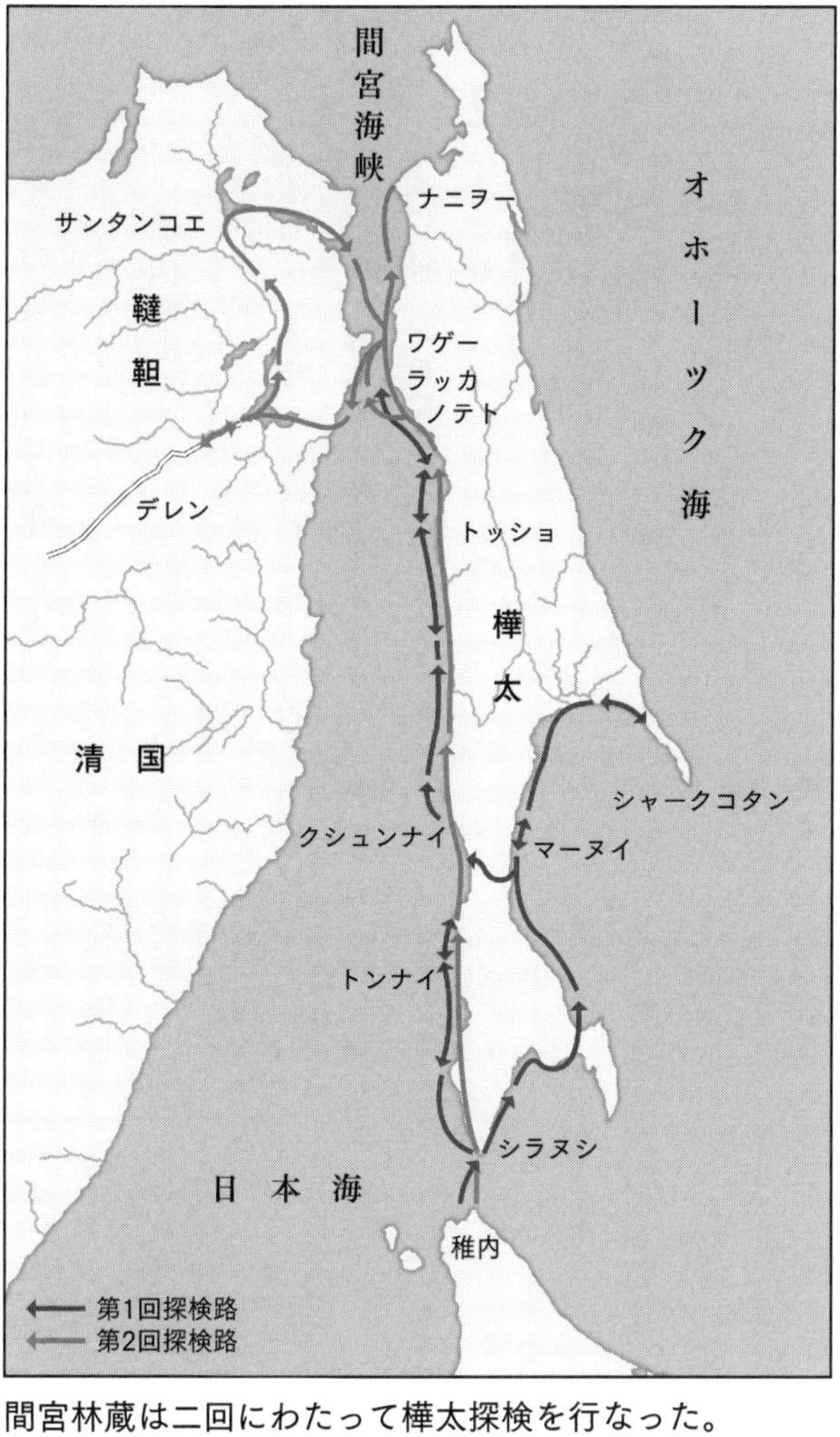

間宮林蔵は二回にわたって樺太探検を行なった。

日持は、建長《けんちょう》二年（一二五〇年）、駿河国松野に生まれ、鎌倉時代中期から後期にかけて活躍した日蓮宗の僧である。日蓮六老僧の一人でもあり、駿河国蓮永寺を開山した。はじめ天台教学を学んだが、後に日蓮に師事し、日蓮の没後、関東へと移り、正応《しょうおう》元年（一二八八年）武蔵国池上本門寺に祖師像を安置した。その後は、新潟から青森、函館、松前、江差を経て、樺太の本斗《ほんと》郡好仁《こうに》村の白主《シラヌシ》、さらに永仁《えいにん》三年（一二九五年）本斗郡本斗町阿幸《おこう》に上陸した。北樺太の落石《オッチシ》（現アレクサンドロフスク・サハリンスキー）から海外布教を志し満州に渡ったとも、蝦夷地で没したともいわれ、没年は不詳である。

北海道や樺太には、日持にまつわる伝説が残されている。日持が北海道に渡ったとき、それまで見たこともない魚が採れ大漁であった。そこで「法華の坊さん」が来たからだと、その魚を「ホッケ」と呼ぶようになったということである。このような蝦夷地の日持伝説は、徳川光圀《とくがわみつくに》、新井白石《あらいはくせき》、市川十郎《いちかわじゅうろう》らが研究している。

＊第二次世界大戦中、当時の満州の宣化《せんか》市（現在の河北省張家口市宣化区）において、日持の物とされる遺物が発見されたと報道された。一九八九年、東京大学と東北大学で炭素年代測定法により、その遺物の年代は一三〇〇年プラスマイナス三五〇年と測定さ

れた。遺物は身延山《みのぶさん》久遠寺《くおんじ》宝物館に献納され所蔵されている。

いっぽう、蝦夷代官（のちの蝦夷管領）安東《あんどう》氏は、安倍貞任《あべのさだとう》の子孫と称し、本姓を安倍とする。鎌倉時代から南北朝時代を通し津軽十《と》三湊《さみなと》を本拠地として大いに栄えた。近年研究が進み、中央部の武士団に比べて所領面積が広大であり、国家の境界外まで及んでいる点が指摘されている。交易を通じての経済的権益が強大であったと推定される。日本海に広範囲の交易網を形成することにより多大な経済的利益を得ることから、「海の豪族」という見方がなされている。その勢力は、蠣崎《かきざき》氏ら北海道南部の武士団を配下としつつ、北海道および樺太にも及んでいた。

一二六四年、元《げん》軍は樺太に侵攻、軍勢三〇〇〇を派兵、駐屯させた。『元史』には、安東氏が蝦夷を率いて元と戦い討たれたという記述がある。その一〇年後の一二七四年、元・高麗《こうらい》連合軍が九州博多に来襲、日本の武士団は大いに苦戦するも「神風」の助けや元軍の内輪もめもあり、からくも撃退した。

その後、一四一一年と一四三二年に明《みん》王朝は、樺太に遠征軍を向け、黒竜江《こくりゅうこう》付近に政庁を設けた。しかし、明の衰えとともに樺太はもちろん、黒竜江下流地域は約二〇〇年の間、どこの国の支配下にも置かれることはなかった。

蝦夷を掌握した松前氏は樺太開拓に乗り出す

北海道の地名にその名を残す松前《まつまえ》氏。その祖は、武田信広《たけだのぶひろ》（一四三一―一四九四）で、室町時代の武田源氏の一流だが、陸奥国の南部《なんぶ》氏の一族とも言われ、諸説ある。信広は、永享《えいきょう》三年（一四三一年）、若狭の守護大名である武田信賢《のぶかた》の子として生まれた。宝徳《ほうとく》三年（一四五一年）二一歳の時に、鎌倉公方足利成氏《あしかがしげうじ》に下り、同年、三戸《さんのへ》の南部光政《みつまさ》のもとへ移った。南部家の領分から田名部《たなぶ》・蠣崎の知行（領主が所領支配権を行使すること）を許され、蠣崎武田氏を名乗るようになった。享徳《きようとく》三年（一四五四年）、安東政季《まさすえ》に従い蝦夷地に渡り、上之国花沢館の蠣崎季繁《すえしげ》に身を寄せた。

一四五七年、蝦夷地の和人を驚愕させる一大事件が起こる。アイヌの少年が殺されたことを機にアイヌが和人武士の館を一斉に襲撃し、和人武士団とアイヌの間でコシャマインの戦いが始まった。和人武士団は、蝦夷地に築かれていた道南一二館のうち一〇館が陥落するまで追い詰められたが、蠣崎季繁の許《もと》にいた信広が武士団をまとめ反撃、アイヌ軍を次々と撃破し、ついにアイヌ軍総大将コシャマイン父子の首級をあげた（弓で射殺）。この戦功によって信広の蝦夷地における地位は不動のものとなった。これは松前氏側の記録であるが、アイヌ側の口承によると、主だった首長は和睦に応じて酒宴に招かれ館に集ったところを吊り天井を落とされ皆殺しにされた。このため、アイヌ軍は戦意を失い、信広に服従せざるを得なくなったとのことである。

信広は、蠣崎季繁の養女（安東政季の娘）を妻として蠣崎家の家督を継ぎ、和人の中心勢力となっていった。一四七五年には、樺太アイヌの首長から銅雀台の貢物を献上され、南樺太をも支配下に置いたことが窺われるが、蝦夷地（北海道）の経営が主体であり、樺太への実際の支配までには及ばなかったと考えられる。信広の子孫は蝦夷地に根を張り、松前守護職も得て松前氏と改姓、江戸時代には蝦夷地を掌握するに至った。

樺太最初の開拓者は、松前藩士の佐藤嘉茂左衛門《さとうかもざえもん》（村上掃部左衛門《むらかみかもんざえもん》）らである。寛永十二年（一六三五年）、松前氏二代藩主松前公広《きみひろ》は、藩士の佐藤嘉茂左衛門と蠣崎蔵人《くろうど》を樺太探検に派遣した。彼らは南端のシラヌシ（白主）に近いウッシャムに至っている。翌寛永十三年（一六三六年）、公広は、藩士甲道庄左衛門を樺太に派遣、甲道はウッシャムに越年し、翌春、樺太東岸の北緯四九度四〇分にあるタライカ（多来加）湖畔まで踏査した。

その後も松前藩は藩士や商人らを白主に派遣し、ナマコ漁場調査や交易、アイヌ人への漁法の指導などを行なった。また、松前船は、樺太から、しばしば「薬用きのこ」のエブリコ（サルノコシカケ科）を積み出している。安永《あんえい》六年（一七七七年）、藩士新井田隆助《にいだりゆうすけ》を樺太に派遣、同島南部を検分、測量した。寛政《かんせい》二年（一七九〇年）には、藩士松前平角《まつまえへいかく》、高橋清左衛門《たかはしせいざえもん》（實光《じつこう》、壮四郎《そうしろう》）、鈴木熊蔵《すずきくまぞう》らが、シラヌシに到着し、西地コタントル、東地シレトコまで調査した。宗谷に近いシラヌシ、ツンナイに番屋（会所）を開き、樺太経営の拠点とした。またトンナイ（真岡）、クシュンコタン（久春古丹）にも荷物小屋を設置し、勤番を派遣して継続させた。

ヨーロッパ人は日本周辺に探検家を送り込んだ

寛永十六年（一六三九年）、幕府は鎖国令を発し、オランダと中国以外の国との国交を途絶した。しかし、すでに、十五世紀中ごろからヨーロッパ人たちが、黄金と香辛料を求め世界の海に乗り出している。いわゆる「大航海時代」、「地理上の発見の時代」の始まりである。この植民地主義的海外進出の発端は、元王朝に仕えたマルコ・ポーロが書いた『東方見聞録』の「ジパングリ」、すなわち「金銀島伝説」であろう。さらに耶蘇会《やそかい》（イエズス会）士の報告でも「蝦夷が島」には金塊がいたるところにあると報告されていた。

かくして、ヨーロッパ各国は、次々に探検家を送り込み、日本周辺を調べようとした。天正《てんしょう》十年（一五八二）にマニラを出帆した西班牙《スペイン》船が漂着したと言われる「金銀島」が「北緯三五度半」に描かれた。その実在確認のためにスペインは慶長《けいちょう》十六年（一六一一）から二カ年にわたってセバスチャン・ビスカイノを派遣調査させた。

十七世紀、ピョートル大帝の遠征計画に基づき、大国ロシアもアジアに着々と勢力を伸ばしていった。しかし、当時は清国が強大だったので、ロシアは清とネルチンスク条約を結び、大陸ではそれ以上、南下することはできなかった。そこでロシアは、カムチャツカ半島から千島列島へ島づたいに南下していったのである。

「警世の書」を世に問うた工藤平助と林子平

アイヌ人は交易ロシア人のことを「フレーシャム＝赤い隣人」と呼んだ。日本人は「赤蝦夷」「赤人」と呼んだ。仙台藩の医師工藤平助《くどうへいすけ》は、長崎の通詞《つうじ》（通訳）からロシア人の動向を聞き、また松前藩の事情通から情報を集め『赤蝦夷風説考』を著した。

「ロシアは着々と領土を広げ、わが北海の方まで勢いを伸ばし、漂流した日本人を手なずけて、日本語まで研究している。我が国も、これを黙って放っておくべきではない。また、北海の地では盛んに密貿易が行なわれている。（中略）このさいは、いたずらに禁止するより、思い切ってロシアと交易を開いた方が得策であろう。（中略）その貿易資金で従来、手を付けないままでいる蝦夷地を開拓することもできる」

この工藤の意見に影響された老中、田沼意次《たぬまおきつぐ》は、天明《てんめい》五年（一七八五年）に幕府財政の建て直しを主な理由として、青島俊蔵《あおしましゆんぞう》ら五人の普請役を蝦夷地に派遣調査させた。同年七月、幕府の蝦夷地調査隊普請役庵原弥六《あんばらやろく》が、蝦夷地最北の宗谷より樺太のシラヌシ（白主）に渡海、西はタラントマリ（多蘭泊）、東はシレトコまで踏査した。同年九月、林子平《はやししへい》が西洋の権威ある世界地図の和訳を基に『三国通覧図説《さんごくつうらんずせつ》』で、大陸に接続の「カラフト島」を描き、それとは別に「サカリン」を島に描く。翌天明六年（一七八六年）には、幕府の蝦夷地調査隊の普請役下役大石逸平が、樺太検分のためシラヌシに至る。タラントマリで、アムール下流キジ湖畔から交易のため来島していた山丹人《さんたん》（黒竜江地域に住む韃靼《だったん》人、交易のためしばしば樺太に現われるがアイヌ人らに粗暴であったため恐れていた）から樺太奥地の様子を聴取。大石は、樺太奥地について日本人として初めて情報を入手することに成功した。さらにナヨロに至り、現地人から地境・行程を聞く。大石は、西はナッコ、東はタライカに至るまでの多数の地名と土地の特徴を記録し、さらにクシュンナイ（久春内）まで踏査した。

一七八六―九一年（天明六―寛政三年）、林子平は『海国兵談』を著し、ロシアの脅威を訴え、海防の必要性を説いた。ところが、田沼時代とうって変わり、同書は老中・松平《まつだいら》定信《さだのぶ》により危険な書として発禁にされ、子平は蟄居《ちっきょ》処分、失意のうちに死去した。

その後幕府は、エカチェリーナ号来航により海防の必要性を認識し、北方調査のため探検隊をたびたび派遣することとなる。

林子平は仙台藩の人で、高山彦九郎《たかやまひこくろう》・蒲生君平《がもうくんぺい》とならんで「寛政の三奇人」とも称せられたが、晩年は不遇であった。しかし、子平の『三国通覧図説』はその後、オランダ・ドイツへと伝わり、ヨーロッパ各国語版に翻訳された。地図は不正確さもあったが、小笠原諸島が明記されおり、ペリー提督との日米交渉の際には、同諸島の日本領有権を示す明確な根拠となったのである。

ロシアへの漂流民

天明二年（一七八二年）、伊勢白子《しろこ》村の「神昌丸《しんしょうまる》」船頭の大黒屋光太夫《だいこくやこうだゆう》と乗組員の小市、磯吉らが駿河灘で暴風雨のため遭難。漂流すること八カ月、アリュート列島のアミシツカ島に漂着した。そこでロシア船に救助され、カムチャツカからロシア帝国のペテルブルクに連れて行かれ保護された。大黒屋光太夫は、ペテルブルク科学アカデミー会員キリル・ラックスマン（一七三七―一七九六）の信頼を得て、その助力によりロシア帝国皇帝（女帝）エカチェリーナ二世に拝謁することが叶った。日本への帰国を熱願した光太夫に対し、エカチェリーナ二世は、日本との通商貿易を求めるロシア外交使節に連れ添ってい く、という条件つきで帰国を許した。そして、日本に派遣される外交使節には、キリル・ラックスマンの次男であるアダム・ラックスマン（一七六六―一八〇六）が選ばれた。

寛政四年（一七九二年）九月にラックスマン指揮するエカチェリーナ号は、根室サラハン沖に到着した。ラックスマンは、松前藩に対し、光太夫ら日本人の返還と通商を求める公文書を幕府に渡そうとした。翌年に幕府の老中・松平定信は目付・石川将監《しょうげん》（忠房《ただふさ》）らを特派、将監らは光太夫以下漂流民を受領し、大量の米・鹿肉等を謝礼として贈与したが、日本の鎖国体制について説明し、ロシアの国書は受け取らず江戸への来航も認めなかった。しかし、開港・通商を拒絶しつつもロシア側に強い通商要求がある場合には長崎に出向くようにと伝えた。また、幕府外交を担当していた宣諭使《せんゆし》がラックスマンに対して長崎入港に用いる「信牌《しんぱい》」を渡したため、ラックスマンは、長崎入港が既に許可され、交易の可能性もあると判断し、一七九三年七月、箱館（函館）からロシアに帰国したのである。

エカチェリーナ号が根室に来航したことで、幕府で北方の海防体制（沿岸防備体制）が問題となり、老中・松平定信は一七九二年十二月に松前藩に蝦夷地の防備・支配の強化を命じる「蝦夷御取締建議《えぞおとりしまりけんぎ》」を発布した。さらに、寛政八年（一七九六年）八月、イギリス人ブロートンが乗ったプロビデンス号が、松前藩に近い内浦湾の中に停泊するという事件が起こった。幕府は、松前藩一藩での蝦夷地防衛が難しいと判断し、東北二藩（津軽藩・南部藩）にも交代で蝦夷地の防衛に当たるように指示した。

さらに、蝦夷地沿岸における異国船の出没に危機感を持った幕府は、蝦夷地の警備体制を強化するため、まず蝦夷地の沿岸の地理・風土を正確に把握する必要性を感じ、蝦夷地の大規模な探検・調査を計画した。一七九八年四月には、目付・渡辺胤《わたなべつづく》、使者・大河内《おおこうち》政壽《まさこと》が率いる一八〇人体制の大調査団を蝦夷地に送り込んで探検・調査を実施させた。このとき、東蝦夷地（蝦夷地の南半分）調査隊に加わっていた近藤重蔵・最上徳内らは国後島・択捉島にまで調査を行なっている。

　こうして、ロシアからの交易の要求は、江戸幕府に北辺警護の重要性を認識させ、十八世紀末には、いくつかの北方探検隊を送らせるに到った。

外交使節として来日したアダム・ラックスマン

最上徳内による蝦夷・樺太開拓

　最上徳内は、宝暦《ほうれき》五年（一七五五年）、出羽《でわ》国村山郡（現在の山形県村山市楯岡）の貧しい農家に生まれた。家業を手伝い、たばこの行商などをしつつ学問を志す。長男でありながら家を弟たちに任せ、徳内は江戸で幕府の医師の家僕となり、本多利明《ほんだとしあき》の音羽塾に入門する。利明について天文や測量、海外事情、経済論などを学び、長崎へも算術修業に行った。

そのころ、幕府では、ロシアの北方進出（南下）に対する備えや、蝦夷地交易などを目的に老中の田沼意次らが蝦夷地（北海道）開発を企画し、北方探索をすすめていた。天明五年（一七八五年）には、師の本多利明が蝦夷地調査団の東蝦夷地検分隊への随行を許されるが、利明は病のため徳内を代役に推挙。そこで徳内は、山口鉄五郎《やまぐちてつごろう》隊の人夫（下人）として、蝦夷地では青島俊蔵らとともに釧路から厚岸、根室まで探索し、地理やアイヌの生活や風俗などを調査した。さらに、千島、樺太あたりまでも探検し、アイヌに案内されてクナシリへも渡った。

蝦夷地での働きを認められた徳内は、さらに越冬し、翌天明六年（一七八六年）に、単身で再びクナシリへ派遣され、エトロフ、ウルップへも渡って検分した。択捉島では交易のため滞在していたロシア人とも接触、ロシア人のエトロフ在住を確認し、アイヌの仲介で彼らと交流してロシア事情を学び報告した。こうして徳内は、北方地域の専門家として賞賛されるようになったのである。しかし、この年、江戸城では十代将軍・徳川家治《いえはる》が死去して、田沼意次は失脚、松平定信が老中となるや、緊縮財政を柱とする「寛政の改革」

を始め、蝦夷地開発は頓挫《とんざ》してしまう。

徳内は、江戸へ帰還し辛苦を味わうが、寛政元年（一七八九年）五月に「アイヌの反乱（国後目梨《めなし》の反乱、または寛政蝦夷の乱）」が暴発したことを知る。和人商人（飛騨屋など）に虐待されていたアイヌが蜂起したのである。幕府は、真相調査のため青島俊蔵を長崎奉行俵物御用、その実は隠密として、再び蝦夷地に派遣した。その際、青島は徳内を同行させた。蝦夷地ではアイヌの騒動はすでに収まっており、徳内らは宗谷など西蝦夷方面から東蝦夷方面を廻り調査することになった。江戸へ戻った青島は調査書を提出するも、幕府は青島らが密偵の任を果たさずに職務を離れた行動をとりアイヌとの交流を持ったことを問題視し、松前氏に懐柔されたと疑った。青島は、背任の罪で投獄され、徳内もこれに連座して入牢となる。青島は牢内で病死し、徳内も病に冒されるが、師の本多利明らの請願により釈放される。

寛政二年（一七九〇年）には疑いが晴れ、無罪放免となり、普請役に取り立てられる。同年、今度は「蝦夷地御救交易御用」として蝦夷地に派遣されることになった。この役は「松前藩によって過酷な使役・不当交易を受けていたアイヌ人救済」を主旨とするものである。徳内にとって四度目の蝦夷地探検であり、クナシリ、エトロフからウルップ北端まで踏査し、各地を検分した。また、交易状況を視察し、秤量《ひょうりょう》の統一などを指示、アイヌに対しても作物の栽培法などを指導し、厚岸に神明社を奉納して教化も試みる。さらに同年六月、徳内は、『蝦夷国風俗人情之沙汰』（のち、改定して『蝦夷草紙』）で、カラフトを「樺太」とし、一つの島に描く。いっぽうでロシアが日本人漂流民を送還するために渡航するという噂を得た。

　寛政四年（一七九二年）、徳内は五度目の蝦夷上陸を命じられた。今度は樺太調査を命じられ、和田《わだ》兵太夫《ひょうだゆう》、中村《なかむら》小市郎《こいちろう》、小林《こばやし》源之助《げんのすけ》（西丸与力）らとシラヌシに渡る。さらに、西はクシュンナイ、東はトウブツまで検分し、山丹人《さんたんじん》、ロシア人から樺太北部、山丹、満州、ロシアの地理を聞き取り調査した。和人やロシア人の居住状況を調査し、松前藩による鎖国の国法に反したロシア・満州との密貿易やアイヌ人への弾圧を察知、上申する。同年、十月には松前へ戻るが、この年、ロシア使節のアダム・ラックスマンが根室へ来航したため、滞在を延期して越冬、翌年、ようやく江戸へ戻った。

　寛政十年（一七九八年）には、老中の戸田氏教《とだうじのり》が大規模な蝦夷調査を立案し、徳内は七度目の蝦夷上陸となる。幕臣の近藤重蔵の配下として、択捉島に領有宣言を意味する「大日本恵登呂府《えとろふ》」の標柱を立てた。

文化《ぶんか》二年（一八〇五年）には遠山景晋《とおやまかげみち》の許《もと》で八度目の蝦夷上陸。その後、箱館奉行支配調役としてひろく北方警備のことを監察し、またアイヌ交易の改善にも大いに努力した。文化五年（一八〇八年）四月、最上徳内は樺太詰めを命じられ、シラヌシに到着。ここで、間宮林蔵と出会う。徳内は、みずからもアイヌ服を着用していたが、間宮たちにも探索行には紛争を避けるためアイヌ服で行くよう勧めた（結局、間宮らは和服で出立した）。

徳内は文をよくし、その著には『蝦夷草紙』、アイヌの生活を記した『渡島筆記』などがある。また松前藩の禁令にもかかわらずアイヌに文字を教え、通詞にはアイヌ語辞書『蝦夷方言藻汐草《もしおぐさ》』を編纂させ、自らもその序文を書いている。

文政六年（一八二三年）、ドイツ人シーボルトがオランダ商館医師として長崎出島に赴任してきた。その三年後にシーボルトが江戸へ参府した折、徳内はシーボルトを訪問、その後も何度か会見して意見交換した。学術や北方事情などについて対談し、交流を深めるうちに徳内は、二五年間公表しないという条件つきでシーボルトに樺太地図を与えた。彼は、アイヌ語辞典の編纂をはじめ日本研究に熱心なシーボルトへの協力を惜しまなかった。文政十一年（一八二八年）、シーボルトの積み荷から国禁の日本地図持ち出しが発覚し、シーボルト事件に至るが、なぜか徳内は追及を免《まぬが》れている。シーボルトの信頼が厚く、その著書『日本』によって徳内の名は外国にも知られた。

晩年は江戸の浅草に住み、天保《てんぽう》七年（一八三六年）に死去、数えで八二。蝦夷地の専門家として幕府に取り立てられて比較的高い地位の武士になるという、立身出世を果たした人物である。そしてまた、蝦夷開拓者中、松浦武四郎に次いで、とりわけアイヌの待遇改善に尽力した一人である。

義経北行伝説を追う

近藤重蔵は、二四歳で聖堂学問吟味の単科（優秀者に褒美を与えて幕臣に学問奨励の気風を行き渡らせるために行なわれた漢学の筆答試験）に合格し、長崎奉行配下の下付となった。彼の著書には外国事情を紹介した『清俗紀聞』と『安南紀略』がある。

寛政十年（一七九八年）に幕府は、近藤重蔵の蝦夷地調査隊を派遣、案内役の最上徳内とともにエトロフ島に渡った。エトロフ島では、南端のタンエモイにあったロシアの標識や十字架を引き抜き、「大日本恵登呂府・寛政十年・戊午七月」の標柱を建て日の丸を掲げた。また、「留辺志別《ルベシベツ》」から「ビタタヌンケ」に至る道路をつけた。この調査隊の報告に基づいて幕府は蝦夷地太平洋岸一帯を松前藩から仮に上知《じょうち》（没収）し、「蝦夷地取締役御用掛」を置いた。

重蔵は、徳内と違い樺太に渡ることはなかったが、樺太アイヌ人らの聞き取りから、『辺要分界図考』等、樺太などを含む蝦夷地の地図等を作成した。また、択捉島のアイヌ人にキリスト教徒が存在するのを確認し、教化のため厚岸など蝦夷地各地に寺院を設けた。

いっぽうで彼は、源義経が、文治《ぶんじ》五年（一一八九年）の衣川《ころもがわ》の戦いで死なずに北行した痕跡を探るため、日高の沙流川《さるがわ》のハヨピラ、鵡川《むかわ》のキロロ等の上流地域に残る義経伝説を調査した。そして、「義経像」を持ち込み沙流川の下流に義経神社を建立した。

間宮林蔵が満州東部を探索し、かの地の長老たちから義経のことが多く語られたと間宮の畏友《いゆう》である村上貞助《むらかみていすけ》の『陸奥州駅路図』には記録されている。また、シーボルトは、義経が満州北部に渡ったと考えていた。明治初期に来日し、アイヌの言語学的研究と民俗学的研究に多くの業績を残したバチェラー博士も義経北行伝説は確実であると説いている。なお、義経北行伝説と義経ジンギスカン説はよく混同されるが、一応、両者は別物である。

ロシアによる蝦夷地攻撃に巻き込まれた間宮林蔵

文化元年（一八〇四年）、露米会社《ろべいかいしゃ》（極東と北米での植民地経営と毛皮交易を目的としたロシアの国策会社）創立者で国務顧問官ニコライ・レザノフがロシア皇帝アレクサンドル一世の使節として長崎に来航し、ラックスマンから受け継いだ信牌と皇帝からの親書を持って幕府に通商を求めた。幕府は目付・遠山景晋を遣わして国禁によりロシアと通商することはできないと返答する。

レザノフは長崎に六カ月近くも滞在させられ、軟禁に近い扱いを受けた。遠山との会見も三回に及んだが、結局、信牌を返還させられ通商も断固拒否されたことに憤慨した。ロシア使節である自分に対して無礼とも思える対応に怒りがおさまらないレザノフは、日本の軍備が脆弱《ぜいじやく》で兵の士気も低いことを看破《かんぱ》し、武力をもって開国させる方が早道だと決断する。そして、独断で部下のフォストフ大尉らに日本人が居住する役所・町の攻撃を命令した。

文化三年（一八〇六年）、フォストフらは樺太南岸にある日本人の番屋を次々と襲撃し、番人を捕らえ倉庫等を焼き払った。翌年には、択捉と国後の番屋や会所に砲撃・銃撃し、アイヌ人を含む日本人数名を射殺した。さらに、建物や船舶を焼いたり、番人を捕えるなどした。この事件をきっかけに幕府は蝦夷地全体（現在の北海道とその周辺の島々）を松前奉行の直轄地とし、防備につとめるようになった。

この択捉事件に間宮林蔵（一七七五―一八四四）も巻き込まれていた。択捉事件の二年目にあたる文化四年（一八〇七年）、間宮は幕府の役人の一員として択捉島の測量に従事していた。ロシア軍の不意の砲火と銃撃による攻撃を日本側は防ぎきれず、やむなく退くことになった。彼は武士として、この地に踏みとどまり、ただ一人となっても徹底抗戦することを切望したが、上司の命に従わざるを得ず撤退した。このときの悔しさを彼は長く忘れなかったのである。

間宮林蔵は常陸《ひたち》国筑波《つくば》郡上平 柳《かみひらやなぎ》村（現在の茨城県つくばみらい市）の農民の子に生まれた。林蔵は幼いときから竹竿を持ち歩き、木の高さや川の深さ、道幅などを測ったりしていた。やがて幕府の役人が来て、林蔵の村の近くを流れる小貝《こかいがわ》川の堤工事を行なうことになった。少年ながらこの工事に関わった林蔵は、幕臣で測量師の村上島之允《むらかみしまのじょう》に地理や算術の才能を見込まれ、その後、普請役雇という下級役人として幕府に雇い入れられたのである。

樺太は半島か、それとも島か

間宮林蔵の樺太探検に先立つこと一世紀半、寛永二十年（一六四三年）、オランダは日本近海にド・フリースを派遣した。ド・フリースは、択捉島―ウルップ島間の択捉水道（フリース海峡と名づけられた）を通り、択捉島を「ステーテンランド」、ウルップ島を「カンパニースランド」と名づけた。さらに、オホーツク海に出て、北見海岸に沿って西へ進み樺太南岸のアニワ（亜庭）湾に上陸、樺太東海岸に沿って北上し、北緯四八度五四分まで到達した。その後、厚岸湾に入って船体を修理、帰路に着いた。この時、松前藩の蝦夷交易船とド・フリース船とが遭遇し、松前藩士が乗船・検閲している。ド・フリースは蝦夷の東部海岸の実測図を描いたが、宗谷海峡は濃霧のため確認できず、また樺太と蝦夷（北海道）を一島とし、国後島も蝦夷につな

測量用の鎖を手にする間宮林蔵（間宮林蔵記念館所蔵）。

がっているとした。結局、樺太と蝦夷地の全貌は未だ不明のままであった。

一七〇九年、清の康熙帝《こうきてい》は、耶蘇《イエズス》会士に命じ黒竜江沿岸を実測させた。会士らは樺太にも渡航、その北部を測量し、北緯五〇度近くまで踏査して中国版図上に描いた。一七一八年、レジス、ジャルトゥーら会士が中国全図を完成させ、上呈されて『皇輿《こうよ》全覧図』と名づけられた。そこには黒竜江河口に「サガレン・ウラ・アンガ・ハタ」という島が描かれていた。これがサハリンである。

中国で作られた地図はヨーロッパに伝えられ、フランス王室の地図師ダンヴィルによって地図としてまとめられていた。それには、樺太を半島とし、その西方にサハリン島が描かれていて、それが権威のある地図として扱われていた。この図はオランダを通じて長崎にもたらされ、林子平は、天明五年（一七八五年）に著した『三国通覧図説』で、樺太を大陸（東韃靼《ひがしだつたん》）の地つづきである半島と断定し、老中・松平定信も、通詞・本木仁太夫《もときにだゆう》が和訳した『阿蘭陀製全世界地図書』によって、樺太は半島であり、それを島らしいと憶測するのは誤りである、と書き記した。これによって、日本の有識者たちは、樺太半島説を信じ、さらに北方地域の最高の研究者である近藤重蔵も、その説を全面的に支持するようになった。実際に、寛政四年（一七九二年）に間宮林蔵の師である村上島之允の著した

『蝦夷見聞記』では、カラフトを半島とし、ほかに「サカレン島」が描かれている。

そこで幕府は、これを実地に検分するため、享和《きようわ》元年（一八〇一年）に小人目付・高橋《たかはし》次太夫《じだゆう》、普請役・中村小市郎《なかむらこいちろう》を樺太に派遣した。彼らは、樺太北部までは入ることはできず、わずかに北部から交易にきた東韃靼の山丹人に砂の上に地図を描かせて北部の地勢をきいた。結局、樺太が半島か島かは分からず、復命報告書である『樺太見分図』では、樺太を大陸の半島、あるいは島と二通りを併記した。近藤重蔵は、高橋、中村両名の調査結果を考慮した上で、西欧で定説化されているように、樺太は東韃靼の大陸との地つづきである半島とし、それとは別にサハリンという島があると判断して『辺要分界図考』を著した。文化元年（一八〇四年）には、重蔵は『今所考定分界之図』でもカラフトを離島にし、さらに「サカリン」も離島に描いている。結局、どの説も憶測と伝聞の域を出ず、樺太北部地域は、世界地理上、南極・北極とともに謎の地域とされていた。

西欧の地理学者・探検家は、この地域の解明に挑戦した。初めに挑んだのは、フランス人ド・ラ・ペルーズ（一七四一—一七八八）である。天明七年（一七八七年）、ラ・ペルーズは、西洋人として初めて黄海から日本海（ここでMer du Japon＝日本の海と命名）に入り、北上して樺太南部沖合、北緯五二度五分に達した。彼の探検船は、左側に東韃靼大陸を望み、北へ進んだが浅瀬となり座礁の恐れが出たため引き返した。帰りに宗谷海峡（ラ・ペルーズ海峡と命名、現在でも国際的に使用される海図はラ・ペルーズ海峡と記載されている）を通過、カムチャツカに至った。ラ・ペルーズは、樺太と大陸は地続きであると結論を下した。次いでラ・ペルーズの探検の結果を再確認するため、イギリス人のブロートンが、探検船に乗って調査に乗り出した。帰国後、文化元年（一八〇四年）、『北部太平洋探検航海記』を発表、樺太が半島であると明記した。ラ・ペルーズ、ブロートンの探検によるサハリンと樺太が同一であるという説は日本にも伝えられ、樺太が半島であることを疑う者はいなくなっていた。

それらの説を最終的に確認しようとしたのは、ロシア人クルウゼンシュテルンであった。彼は、文化元年にロシア遣日使節レザノフを乗せて長崎に来航したナデシュダ号の船長である。レザノフは樺太探査をクルウゼンシュテルンに命じていた。翌年、クルウゼンシュテルンはナデシュダ号を操船して樺太東海岸を北上、最北端の岬に到達後、西海岸を南下したが、浅瀬に阻まれ断念、帰還した。彼は、東韃靼大陸を流れるアムール川（黒竜江）河口の南で大陸と接続している半島という結論を下し、その調査結果を『世界周航記』として発表した。これにより樺太半島説は決定的となったのである。

一八〇七年、幕府は松前章広《あきひろ》から西蝦夷地を上知して直轄地化するが、いまだ樺太について十分な探査・検分ができておらず、樺太の北部が大陸と続いているのか、独立した大きな島なのかもまったく分かっていなかった。樺太半島説が決定的であるならば、樺太はどのように東韃靼大陸とつながっているか、そしてロシアがどこまで南下しているのか。かくして間宮林蔵らに、探検・調査の使命が巡ってきたのである。

間宮林蔵らは樺太が島であることを確認した

文化五年（一八〇八年）、ロシアの南下に脅威を感じた幕府は、「樺太のすべての海岸線、および異国との境について調査せよ」との命令を松田伝十郎《まつだでんじゅうろう》と間宮林蔵に下した。これを受けた間宮は、樺太に旅立つ前に故郷に立ち寄った。そして自分の墓を建て、その墓碑銘には「成功の形たたぬうちは、死を誓って帰るまじ。もし難行のときは、われ一人たりとも蝦夷地に残り、蝦夷の土となるべし」と刻んだ。松田も「困難な調査であり、死は覚悟している。もしも樺太奥地で命を落とすか、異国船に捕らわれるかして、年を越しても帰ってこない場合は、今日の出帆の日を命日とするよう江戸で留守を預かる妻に伝えてほしい」と遺言している。

事実、択捉事件のようにフォストフらのようなロシア兵に再び攻撃され拉致される可能性もある。また、山丹人に襲われ命を落とすかもしれない。少数であれば打ち倒すこともできるが、彼らは武器を持ち大勢でやって来る。ロシア商人も山丹人とのトラブルで何人も殺されている。命を助けてもらうには持ち物、とりわけ食料を差し出すしかないが、そうなれば餓死せざるを得ない。実際、多くのアイヌ人が山丹人を極端に恐れ樺太北部に同行することを嫌がっている。

しかしアイヌ人やギリヤーク人（樺太中部以北や対岸のアムール川下流域に住む少数民族）の手助けなくしては樺太奥地の探検行は不可能である。未踏の山谷や湿地・沼地が行く手を阻《はば》む。吹雪の雪原を踏破するのも、小舟で湖沼や河を渡り海岸に沿って航海するのにも、狩猟採集・漁労の民でもある彼らの案内や操船技術が必要だ。

そして何よりも彼らは寒さに対処する術を身につけている。樺太に渡海する前の宗谷の詰所においてさえ津軽藩兵が多数、水腫病（蝦夷地に越冬する和人に多く、水ぶくれになり顔がむくみ腹が太鼓のようになって苦しみ死ぬという風土病）で苦悶《くもん》のうちに死んでいった。厳冬の樺太で越冬するには強靭《きょうじん》な肉体と精神力に加え、樺太アイヌたちの知恵が必要だった。松田や間宮は、これまでの蝦夷地探検でも水腫病や凍傷にかかり苦しんだが乗り越えてきた。しかし今度は、想像を絶する酷寒と異邦人を拒む未開の地。まさに決死の覚悟で樺太探検に臨んだのだった。

文化五年四月、二人は宗谷岬から樺太に渡る。松田伝十郎は樺太の西海岸を調査して、樺太北部が大陸に最も接近する地点（ラッカ岬）まで行き、「大日本国境」の木柱を建てた。この時の現地の聞き取りや、北に行くにつれて海が狭く浅瀬になるが潮流も強くなることから、ほぼ樺太が島であることを確信した。その後、引き返して林蔵と再会、林蔵も伝十郎の案内でラッカ岬に行き、島であることを確認した。同年七月、間宮林蔵は単身で樺太の東海岸をラッカ岬よりさらに北上する再調査を実施した。彼は、黒竜江河口を確認したうえで、さらに樺太最北部近くのナオニーに到達した。そこでは、海が北方に大きく開け、間違いなく樺太が「島」であることを確認して、そこで冬を越した（これをもって間宮海峡の発見とされている）。また、アイヌ語が通じないオロッコという原住民がいることを発見し、その生活や文化を記録に残した。

文化六年（一八〇九年）、樺太が島であることの確認を果たした林蔵は、海外に渡る（鎖国を破る）ことは死罪に値するといえども、どこかの国の役所が存在するという町「デレン」の存在とロシアの動向を確認するため、大陸に渡って黒竜江下流の調査を決意した。そして、樺太のノテウからデレンへ朝貢に出かけるスメレンクル（ギリヤーク人）の首長らに同行したのである。林蔵は、黒竜江を遡《さかのぼ》り、途中、現地の山丹人に襲われ殺されそうになったところをスメレンクルの仲間に救われ、ようやく清国の出張役所（徴税・進貢のために暫定的に置かれ、交易上のトラブルも取り締まっていた）があるデレンに到着した。

一週間ほど滞在した間宮林蔵は、清国の役人と会見した際、「何をしに来た」との質問に対し、率直に「ロシアの軍船が日本の領土にきて乱暴を働いたので、樺太奥地もロシアの領土になっていないか調べたが、その様子はなかった。さらに東韃靼がロシアの領土になっていないか調べに来たが、清国の支配下だったので安堵《あんど》した」と答えた。清国役人は「ロシア人は日本人にも危害を加えたのか。清国はロシア人を追っ払った」と応じ、林蔵に好感を持った。林蔵は漢字を用いての筆談で、清国役人から極東地域の政治情勢・文化風俗についての情報を得ることができた。そして、日本で考えられていることと違い、極東地域や樺太にロシア帝国の勢力がほとんど及んでいないことを確認できたのである。

間宮林蔵は、択捉襲撃事件に遭遇し、また、ゴローニンにも聞き取り調査を行なっているが、カラフト島から黒竜江下流域を調査した記録は、『東韃《とうだつ》地方紀行』としてまとめられた。

なぜ間宮の樺太図は海外に流出したのか

間宮林蔵は樺太図を作成し、上司の命で幕府天文方・高橋景保に提出した。高橋景保は、文化四年（一八〇七年）に幕府から万国地図の作成を命ぜられていた。かくして、林蔵の樺太図により、間宮海峡（「間宮の瀬戸」と命名）を世界で初めて世界地図に記載することができたのである。しかし、その樺太図には、踏破した西海岸は実線化されていても、北端から東海岸を南下して北知床岬に至る海岸線は未踏破のため、そこだけ実線化されておらず、未完成であったはずである。海岸線を実線化させ地図を完成させるための資料が必要だった。これを提供してくれたのが、ドイツ人シーボルトであった。

文政九年（一八二六年）、オランダ商館長が江戸で将軍家斉《いえなり》に謁見した。このときシーボルトもオランダ商館長に随行して江戸にやってきており、高橋景保はしばしばシーボルトと会見、交流を持っていた。その際、シーボルトがクルウゼンシュテルンの『世界周航記』を所持していることを知る。高橋景保は、日本地図を外国人に譲渡することが国禁の重罪に当たることを当然ながら知っていた。が、クルウゼンシュテルンの『世界周航記』があれば、樺太北部の東岸を書き入れて世界初の完全な世界地図を完成させることができる。悩んだあげく、ついに景保は、シーボルトから『世界周航記』や蘭領東インドの地図などの譲与を受け、代わりに伊能忠敬《いのうただたか》の『大日本沿海輿地全図』および蝦夷地方図（南千島と間宮の資料を基に樺太を加記した蝦夷図）の写しを贈る約束をしたのである。

文政十一年（一八二八年）三月、高橋景保に対し、シーボルトによって長崎から送られた荷物が到着した。その中に間宮林蔵宛ての小包があり、高橋景保は使いを出して間宮林蔵に届けさせた。間宮林蔵は、外国人に関する事柄なので、シーボルトからの小包を開かぬまま、元松前奉行で上司の勘定奉行村垣定行《むらがきさだゆき》へ届け出た。小包には進物としての織物と蘭文の書簡が入っていただけであったが、この一件から、高橋景保が外国人と許可なく連絡をとっていることが明らかとなり、幕府目付は景保の身辺内偵を開始した。

同年八月、大規模な台風が九州に襲来、このとき長崎に入港していたオランダ船ハウトマン号が座礁した。この船舶にはシーボルトがジャワへ帰るために、日本で蒐集した資料の一部八九箱が積み込まれていた。幕府の法度《はっと》で外国船が入港する場合、積荷を検査することになっていたが、この難破船も入港船として取り扱うことにした長崎奉行はその積荷を検査、中から海外持ち出し禁止の品物が続々と発見されたのである。文政十一年（一八二八年）十月、幕府はシーボルトに禁制の日本地図を渡した高橋景保を逮捕、ひきつづき関係者数十人が投獄された。シーボルトも長崎で厳重な取調べをうけ、地図その他の重要資料を没収された。これがシーボルト事件である。

文政十二年（一八二九年）二月、高橋景保は厳しい尋問の末に獄死。シーボルトは同年九月二十五日国外退去を命ぜられ、再入国禁止となった。しかしシーボルトは、長崎奉行所に地図を引き渡すまでの数日間を利用しオランダ人絵師に命じて地図の模写を行ない、これを持ち帰ることに成功したのである。

シーボルトの大著『NIPPON（日本）』は、一八三二年に刊行された。シーボルトは、林蔵をシーボルト事件の告発者として反感をもっていたが、林蔵の間宮海峡（MAMIYA NO SETO）発見を学問上の大功

ドイツ人医師シーボルト（一七九六―一八六六）。

績としてこの著作の中で賞賛している。また、シーボルトが持ち出した樺太地図をクルゥゼンシュテルンに見せたとき、彼が「これは日本人の勝ちだ！」と叫んだことを記述している。

日本人でただ一人世界地図に名が載った「MAMIYA」

しかし、間宮林蔵の「間宮海峡発見」を世界に紹介したシーボルトの著『日本』はあまり多くの人々には知られず、以後も世界ではやはり樺太半島説が信じられていた。

嘉永《かえい》二年（一八四九年）、東部シベリア総督ニコライ・ムラヴィヨフはニコライ一世の許可を得てネヴェリスコイ大佐を長とする遠征隊を編成。同遠征隊は樺太北部からアムール河口に到達、さらに船を南下させて同年八月、樺太と東韃靼との間に幅七キロメートルの海峡を発見した。ロシアは、ネヴェリスコイ大佐が世界ではじめてこの海峡を発見したものと勘違いし、海峡最狭部をネヴェリスコイ海峡と命名した。また、アムール河の戦略的重要性から海峡発見を機密事項として秘匿したのである。

ロシアとトルコの間に起こったクリミア戦争（一八五三―一八五六）においてイギリス

はトルコに味方してロシアに宣戦布告した。一八五五年、エリオット指揮のイギリス艦隊は間宮海峡の南にあるデ・カストリー湾にいるロシア艦隊を発見、ロシア艦隊は北方に逃亡した。樺太半島説が世界地理の通説であったので、エリオットはロシア艦隊を半島の湾の奥に追い込んだものと思い、湾口を封鎖、数週間にわたってロシア艦隊を探索したが捕捉できなかった。戦後、ロシア艦隊は間宮海峡を通過して北上し、アムール河口から河を遡上《そじょう》して逃げたことが明らかとなった。ここに樺太半島説は誤りであることがイギリスをはじめとする世界各国の知るところとなったのである。

明治十四年（一八八一年）にフランス地理学者・エリゼ・ルクリュの『万国地誌』が刊行された。その第六巻「アジア・ロシア」においてシーボルトが記した「MAMIYA NO SETO」の名称が使われた。これによって世界地図の地名に日本人としてただ一人、間宮林蔵の名が明記されることとなったのである。

宮沢賢治が見上げた樺太の星空

南樺太が日本領土であった頃に、稚内《わっかない》と樺太の大泊は「稚泊《ちはく》航路」で結ばれていた。

宮沢賢治《みやざわけんじ》は、大正十二年（一九二三年）八月、この「稚泊航路」を利用して樺太へと渡っている。目的は、教え子の就職依頼のためとも、最も愛していた亡き妹との魂の交流のためだったとも言われる。樺太を旅したのち岩手県花巻《はなまき》へ戻った彼は、直ちに『銀河鉄道の夜』の執筆にかかった。彼の代表作『銀河鉄道の夜』は、樺太滞在中に閃《ひらめ》いたであろうイメージをもとにして書かれたのである。樺太で満天に輝く星を見ながら、詩人の魂は、想像の翼を宇宙の果てまで広げたに違いない。

我々日本人にとって祖国の土地は、その一つひとつが心のふるさとである。いまや子どもたちに「宮沢賢治の『銀河鉄道の夜』はね、樺太の夜空を見上げて書かれた物語なんだよ」と語りかけても、いったいどこの話なのか、まるで見当もつかないであろう。私たちは大切な心のふるさとをまたひとつ失っているのだ。

〈参考文献〉
間宮林蔵口述　村上貞助編纂『東韃地方紀行』平凡社（東洋文庫）一九八八年
フィリップ・フランツ・ヴァン・ジーボルト『シーボルト日本』雄松堂書店　一九七八年

チェーホフ『サハリン島』岩波書店（岩波文庫）一九九七年
呉秀三『シーボルト先生1―その生涯及び功業』平凡社（東洋文庫）一九六七年
洞富雄『間宮林蔵』吉川弘文館　一九八六年
吉村昭『間宮林蔵』講談社（講談社文庫）一九八七年
司馬遼太郎『オホーツク街道―街道をゆく38』朝日新聞社（朝日文芸文庫）一九九七年
海老原一雄『炎の海峡―小説間宮林蔵』新人物往来社　一九九〇年
更科源蔵『アイヌと日本人―伝承による交渉史』NHKブックス　一九七〇年
長瀬隆『日露領土紛争の根源』草思社　二〇〇三年
中本信幸『チェーホフのなかの日本』大和書房　一九八一年

第三章　北方領土・千島列島

北方領土・千島列島を学ぶ授業

安達　弘

日本は「東洋の細長い国」だった

たしかミュンヘン五輪のとき（一九七二年）だったかと思う。当時、小学校六年生だった私はテレビ中継で開会式の入場行進を見ていた。各国選手団が手を振りながら次々と行進し、歓声に応えていた。何番目かになって国旗を先頭にしたチリ選手団が入場してきたとき、アナウンサーがこう紹介したのである。

「南米の細長い国、チリです！」

妙に気になって世界地図が貼ってある自分の部屋へ行き、チリの長さを確かめたのを憶《おぼ》えている。

最近になって、私は日本とチリはどちらが細長いのか比べてみたくなった。日本ほど細長くて地図に収まりにくい国はない、と思うようになったからである。これを聞いて「たしかに日本は南北に長いが、地図に収まらないとは言いすぎだ」という人もいるかもしれない。

そこでかなり大雑把な「調査」ではあるが、高校時代に使っていた地図帳を広げて三角定規を当ててみた。調査対象は四五〇〇万分の一地図である。まずチリを測った。およそ

千島列島図

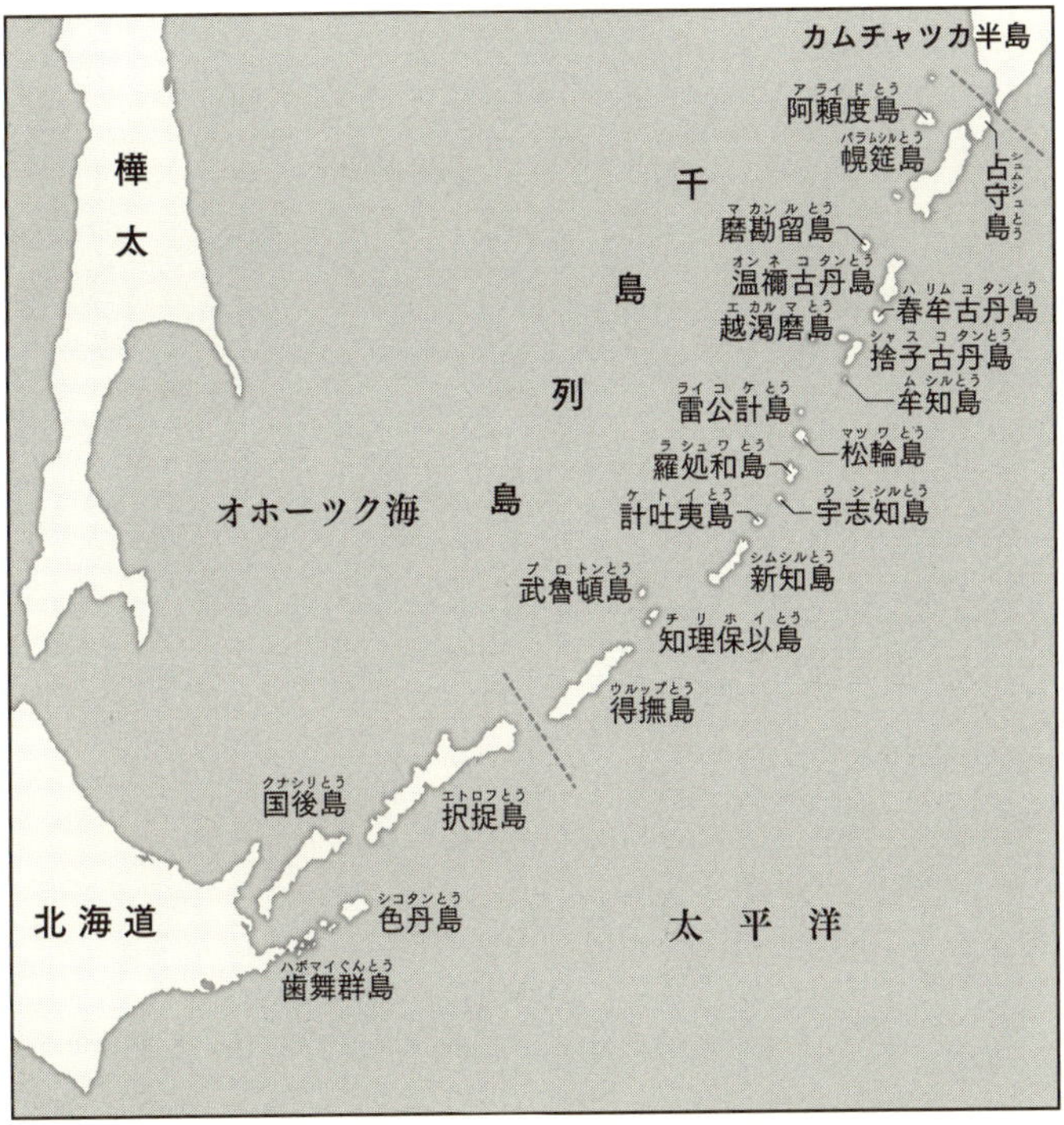

千島列島の最北端は占守島。北方領土とは択捉島以南の島々を指す。

九センチだった。次に日本列島を測った。なんと同じくほぼ九センチではないか。日本は「東洋の細長い国」だったのである。

ところで、この「調査」を追試した方の中には怒っている人がいるかもしれない。

「おいおい九センチもないぞ。ちゃんと沖縄まで入れて五センチ五ミリぐらいじゃないか」

ちょっと待ってほしい。尖閣諸島まで入れましたか？

「あっそうか……。なんだ、それでも六センチちょっとだぞ」

じつは、この人は大事なわが国の領土を忘れている。

北方領土を入れて測っていないのである。さらにその先の千島列島も忘れている。千島列島の最北端・占守島《シュムシュ》から尖閣諸島までを測るとおよそ九センチになるのである。この人のように、日本列島をイメージするときに北方領土とさらにその先の千島列島が抜け落ちてしまうことはないだろうか。

ちなみに、わが国はこのように「細長い国」だが、それだけではない。わが国の国土の特徴は何かと問われれば、ほとんどの人は海に囲まれていることを挙げるだろう。つまり「細長くて海に囲まれている」ことが日本の特徴である。この海の広さと深さが細長い国・日本をデッカイ国にしているのである。

東海大学の山田吉彦氏によれば、

〈日本の陸地、すなわち領土の面積は世界で六十一番目だ。しかし、日本が他国を排除して、経済的なさまざまな権益をもつ海域である『排他的経済水域』と、領海を足した面積は、世界で六番目の広さになる〉（『日本は世界4位の海洋大国』講談社＋α新書　17～18ページ）

と言う。さらに、

〈もしこれに、『深さ』の要素を加え、三次元的に見るとどうなるか。驚くことに、『海の大きさ（＝海水の体積）』を比較すると、日本の海の大きさは、世界で四番目となる〉（同書　19～20ページ）

日本は「細長くて広くて深い国」なのである。

島の名前はまるで魔法の呪文のよう

子どもたちに北方領土を教えるときも、千島列島まで視野に入れた「細長い国」のイメージは重要なポイントである。私は日本の北の端は千島列島の占守島に始まると考えている。この領土のイメージを中学生に印象深く教えるよい教材はないかと考えていたところ、そのヒントを意外なところに見つけることができた。

千島列島の島の名前を声に出して読んでみると不思議な感覚がしたのである。

「シュムシュ、アライド、パラムシル……」

なんだか呪文のようではないか。子どもたちの世界では魔法や呪文はいつでも魅力的なアイテムである。魔法使いとその世界を描いた『ハリー・ポッター』シリーズの人気は今も衰えていない。いわゆるトレーディングカードゲームにも魔法や呪文がたくさん出てくる。

島の名前を使って北方領土の授業を導入すれば、子どもたちは強い興味を示すはずである。授業において導入は重要である。スタートの時点で子どもたちに興味を持たせることができれば、その後に活発な意見の出し合いが望めるからだ。

そこで次のような工夫をする。

一つの島の「名前カード」を黒板に掲示するところから始めるのである。

『これから先生がある言葉を見せます。この言葉の意味がわかったら手を挙げてください』

シュムシュ

「あれっ?　なんだろう」「へんな言葉だな」こう思ってくれれば導入は成功である。

続けて、

アライド

さらに様子を見て

パラムシル

シリンキ

マカンル

と続ける。これでわかる子はまずいない。次からは一度に五つの名前を掲示する。

オネコタン

ハリムコタン

チリンコタン

エカルマ

シャスコタン

「コタン」と付く言葉が多いことに気づく子が現われるだろう。中学生の中には、ここで「アイヌの言葉じゃないの?」と気づく子が出て来るかもしれない。さらに続ける。

ムシル
ライコケ
マツワ
ラシュワ
ケトイ
ウシシル
シムシル
チリホイ
プロトン
ウルップ

最後のウルップでわかる子がいるかもしれない。最後の四つは再び一つずつ掲示する。

エトロフ
クナシリ

シコタン
ハボマイ

ここまで来ると「わかった！」という子が出て来るはずである。最後の四島が北方領土であることを知っている子が、何人かはいると思われるからである。

これらの言葉は千島列島の島々をほぼ北から順番に並べたものだが、まるで呪文のようなので、子どもたちはいったい何なのか、と身を乗り出してくるのである。私のこの授業案で、ある中学校の先生が実際に授業をしてくださった。聞いてみるとほぼ予想どおりの反応が返ってきたとのことだった。

この後にカムチャツカ半島から千島列島、そして北海道までの地図を配る。ずらっと並ぶ千島列島の島の名前を見た子どもたちの頭の中には「列島イメージ」が再構築されていくはずだ。

私たちは「日本列島」と聞くとついつい北海道から本州・四国・九州まででイメージをストップさせてしまう。沖縄を忘れていることに気づく人はいるが、北方領土、さらには千島列島までを忘れずに入れる人はまれである。

まずは、こうした間違った狭い日本列島のイメージを打破しなければならない。そして、北方領土だけでなくその先の千島列島まで日本列島の中にイメージする子になってほしい。繰り返すが、南も沖縄から先の尖閣諸島まで含めた、まさに「細長い」列島のイメージを持たせることが大事なのである。日本は「細長くて広くて深い海を持つ大きな国」というイメージである。

年表を読んで重要な「事実」を自分で見つける

私は領土教育のポイントは「この領土は我が国のものである」という「正義」を教えることだと思っている。ただし、大事なことは必ず「事実」をもとに考えさせることである。「事実」に裏打ちされた「正義」は強い。

この学習には年表の読み取りが適している。生徒自身の手で重要な「事実」を発見させる学習にすることができるからだ。

ただし、年表を配る前にやっておくことがある。地図を見ながら日本とロシアの国境線がどこにあるかを生徒に聞いてみる。地図帳で確かめた生徒から「ウルップ島と択捉島の間にある」と出てくる。国境線と同時にこの四つの島が「北方領土」と呼ばれていることも確認する。おそらく「これって大きな問題になっているんだよね」といった声が生徒の間から漏れてくるだろう。ニュースなどで北方領土に関する知識を持っている生徒がいるからだ。

次に写真を見せる。最近は教室にも大型の薄型テレビが設置されているので、パソコンにつないで簡単に見せることができる。

『日本の領土である北方領土の様子を写真で見てみましょう』

北方領土の美しい自然、現在の町の様子、町に住む人々……などを順に見せていく。すると、生徒はおかしなことに気づく。日本の領土なのに日本人がいないではないか。

この事実を生徒は写真を見ながら視覚的につかむ。ここで、現在の北方領土はロシアに占拠されていることを説明し、年表を配布する。

『この年表を見ると、北方領土は日本のものであるという証拠がたくさん見つかります。探してみましょう』

北方領土にかかわる歴史

一八五五年　日本はロシアと日魯通好条約を結んだ。択捉島と得撫島の間を国境線とした。

一八七五年　日本はロシアと樺太・千島交換条約を結んだ。それまでロシア領だった千島列島すべてが日本領に、樺太をロシア領とした。

一九〇四年　日露戦争で日本が勝利。ポーツマス条約により南樺太が日本の領土となった。

一九四一年　日本とアメリカの間で戦争が始まる。

一九四三年　アメリカ・イギリス・中国はこの戦争で他国の領土を自分のものにはしないと宣言した（カイロ宣言）。

一九四五年　アメリカ・イギリス・ソ連により日本領土の分割が話し合われた。アメリカ・イギリスは、日本を敗北に追い込むためソ連へ日本と戦うように頼み、その見返りとして、日本の敗北後、南樺太と千島列島をソ連に引き渡すと約束し、秘密の協定を結んだ（ヤルタ秘密協定）。

八月九日　ソ連は日本と結んでいた中立条約を破り、日本に攻め込んだ。

八月十四日　アメリカ・イギリス・中国・ソ連はカイロ宣言を引き継いでポツダム宣言を出した。日本はこれを受諾した。

八月十五日　終戦（日本がポツダム宣言を受け入れて戦争が終わる）。

八月十八日～二十三日　終戦後にもかかわらず進攻してきたソ連軍と日本軍守備隊が占守島で交戦。日本軍が勝利。だが、停戦に応じた。

八月二十八日～九月一日　同じく終戦にもかかわらずソ連が北方領土の択捉・国後・色丹島を占領。

九月三日～五日　ソ連はさらに歯舞群島を占領。

一九四六年　ソ連は南樺太・千島は自国領であると宣言した。

一九五一年　サンフランシスコ講和条約で、日本は千島列島を放棄する。

一九五六年　サンフランシスコ条約を結んだアメリカはヤルタ秘密協定には法的効果はないと認めた。そして、千島列島の範囲について北方領土は千島列島に入らず、これまでも常に日本の領土であったので、日本のものであることは明らかであるとして日本の立場を支持している。ソ連との交渉が行なわれた。将来、日ソ平和条約が締結されれば歯舞群島・色丹島をソ連が日本に引き渡すと記載された条文を盛り込んだ共同宣言が出された。

一九九一年　ソ連のゴルバチョフ大統領が「北方領土は平和的に解決されるべき問題」と領土問題について話し合う必要があることを認めた。

一九九三年　ロシアのエリツィン大統領が「領土問題とは北方領土のことである」と認め、東京宣言に明記された。

読者のみなさんも生徒になったつもりで探してみてほしい。私がこの年表を読んで気づいてほしいと思うところは以下の六点である。

①日魯通好条約で決められている国境線は今の北方領土と同じところになっている。
②さらに樺太・千島交換条約で正式に千島列島までも日本のものになっている。
③他国間の秘密協定で領土が決まるのはおかしい。
④カイロ宣言で他国の領土を自分のものにはしないと宣言していて、ソ連もそれを受け入れている。
⑤戦争が終わっているにもかかわらず攻め込んできて北方領土を占領するのは明らかにルール違反である。
⑥サンフランシスコ講和条約を結んだときに、千島列島を放棄はしたけれどそこに北方領土は入らないとアメリカが認めている。

中学生にこの学習を試してもらったところ、授業の中でこの六点すべてを見つけることができたそうである。「北方領土は日本のものである」という「正義」は「事実」で証明できる。これは日本人全員に必須の知識だ。

なお、私は、この六つのうち重要なのは②と⑥の「千島列島」が出て来る二項目だと考える。

②の交換条約は互いに領土の範囲を明確にして取り交わした約束である。条約の「第二款」にはこう書かれている。

〈全露西亜国皇帝陛下ハ第一款《かん》ニ記セル樺太島（即薩哈嗹島）ノ権理ヲ受シ代トシテ其後《そのこう》胤《いん》ニ至ル迄現今所領「クリル」群島即《すなわ》チ第一「シュムシュ」島第二「アライド」島（第三から第十七まで略）第十八「ウルップ」島共計十八島ノ権理及ビ君主ニ属スル一切ノ権理ヲ大日本国皇帝陛下ニ譲リ而今而後《じこんじご》「クリル」全島ハ日本帝国ニ属シ東察加《かむさつか》地方「ラパッカ」岬ト「シュムシュ」島ノ間ナル海峡ヲ以テ両国ノ境界トス（以下略）〉

島の名前もすべて列挙してある。新しい境界もはっきり明示している。その前まではウルップ島と択捉島の間だった境界線は二十年後にシュムシュ島の北に変更されたのである。

⑥のサンフランシスコ講和条約の「第二条C項」には「日本国は、千島列島並びに日本国が一九〇五年九月五日のポーツマス条約の結果として主権を獲得した樺太の一部及びこ

れに近接する諸島に対するすべての権利、権原及び請求権を放棄する」と書かれている。しかし、注意してほしい。当時のソ連（ロシア）はこの会議に参加していない。もちろん調印もしていないのである。この条約に対する発言権はない。しかも、放棄した後の千島列島の帰属先は決められていない。もちろん、ソ連（ロシア）のものとはどこにも書かれていない。

この条項について「履行不能」状態として破棄すべきだ、という意見もある。帰属先が決められていない不備のある条約であり、日本は軍事占領下にあって調印せざるをえない立場にあったことを考えると解除できるという考えである。

三つの立場によるディスカッションで考えを深める

知識は使ってみることで自分のものになる。そこで、北方領土について短い時間ではあるが生徒同士で議論をする場を設けたい。

ここまで学習した中学生に北方領土返還の三つの立論を読んでもらう。そして、今の自分ならどれに賛成するか、立場を決めてクラス内でディスカッションをする。このディスカッションの目的は結論を出すことではない。ここで意見をたたかわせることで北方領土とその返還についての考え方をより深めてもらうことが目的である。読者のみなさんはどのようにお考えになるだろうか。

Aさん――四島一括返還論

私は、北方四島の一括返還を要求するべきだと考えます。

この北方領土問題はソ連の不法占拠によって起こった問題です。ソ連の行動は、第二次世界大戦の末期に日本との中立条約に違反して突然攻め込み、さらに戦争が終わって私たち日本が武器を手放したところをねらって占領するという言語道断の許せない暴挙です。だれが見ても「正義」は私たち日本側にあります。

さらに言えば、そもそも日本とロシアとの間で平和的に結ばれた日魯通好条約では択捉島とウルップ島の間に国境線が決められました。それ以後、北方四島が外国の領土になったことはありません。この国境線が正しいことは歴史が証明しています。

ゆえに北方領土四島の一括返還を要求するのは当然のことなのです。

なお、「先に色丹島と歯舞諸島を返還してもらってはどうか?」という人がいますが、とんでもありません。そんなことをすればロシアは「もうこれで領土問題は解決した」と宣言して、以後一切話し合いに応じなくなるでしょう。国後島と択捉島が正式にロシアのものにされてしまいます。相手の思うつぼです。

Bさん――千島全島返還論

私は、北方領土だけでなく千島列島全島の返還を要求すべきと考えます。

Aさんの考えはすべて正しいのですが、むしろ、Aさんの考えをさらに広げて主張することが大事ではないでしょうか。

まず、戦争中に決められた条約や協定で北方領土問題を考えることをすべて拒否するという主張をすることが大事です。これらはすべて日本のいないところで外国が勝手に日本の領土を決めているのです。さらに、「他国の領土を自分のものにしない」などと言っておきながらウラでは秘密の約束をするなど汚いことをしています。自分の持ち物を決めるのに、自分のいないところで他人が勝手に決めるなどということはありえないはずです。

そこで、日本はロシアとの間で平和的に決めた最後の条約である樺太・千島交換条約をもとにして領土を主張するべきです。この条約で千島列島はすべて日本のものとなりました。逆に樺太はすべてロシアのものになりました。ですから、日本は千島列島全島の返還を要求すべきなのです。

本人同士が平和的に決めたことをもとに自分の国の領土を主張すれば世界中の人を納得させることができると思います。

Cさん――二島先行返還論

私は二島先行返還を主張します。

二島とは色丹島と歯舞諸島のことです。まずは、第一段階でこの二島を返還させ、さらに第二段階で国後島・択捉島の二島の返還を要求します。つまり、最終的には四島全島を返還させる段階論です。

AさんもBさんもどちらも言っていることは正しいと思います。しかし、交渉というのは相手があることです。相手の考えや立場というものも視野に入れて自分の考えを主張すべきではないでしょうか。そうしなければ話し合いを前に進めることはできません。現に、いま北方領土の話し合いは四島一括返還にこだわるあまり、まったく進展がみられないではありませんか。

日ソ共同宣言をもとに二島返還を実現すべきです。この声明には「平和条約締結後に歯舞諸島と色丹島は日本に引き渡す」と約束されています。過去に決めた正式な声明をもとにすれば、話し合いは意外に前へ進むはずです。

日ソ共同声明でもゴルバチョフ大統領は「北方領土は平和条約で解決されるべき領土問題である」と公式に認めています。

中学生の二クラスで試してもらったところ意見の分布は以下のようになった。

Aさんに賛成　一組……十四人　二組……八人
Bさんに賛成　一組……七人　二組……八人
Cさんに賛成　一組……九人　二組……十二人

興味深いことにきれいに三つに分かれた。

私にとって意外だったのはもっとも「強硬」と思われる千島全島返還論（Ｂ論）に賛成する生徒が他二論とさほど変わらなかったことである。年表の一九五一年に「日本は千島列島を放棄する」と書かれているにもかかわらずである。

教材文のＢは主に「樺太・千島交換条約」をその論拠にして構成されている。生徒たちは、戦争に関わりのないこの条約こそ最終的な日本とロシアとの「約束」であるという論に説得されたのだろう。

しかし、見逃してはいけないのは千島列島が蹂躙《じゅうりん》されてきた事実に生徒が気づいているということである。終戦後にもかかわらず侵攻してきたソ連軍のルール違反や千島列島がソ連参戦の取引材料に使われた秘密協定の存在などがそれである。

こうした事実を知ったことが「北方四島だけでなく千島全島も日本の領土だと胸を張って言ってよいのだ」という気持ちにさせたのではないかと思う。

Ａに賛成している生徒もＣに賛成している生徒も、じつはこのＢ論が背後にあると思われる。正式に二国間の話し合いで決められた条約は日魯通好条約と樺太・千島交換条約だけだからだ。前者は境界線を択捉島と得撫《うるっぷ》島の間と決めた。後者で変更して占守島とカムチャツカ半島の間と決め直した。これ以外には正式な境界線の取り決めはない。つまり、境界線は占守島の北しかあり得ない。生徒たちはそれを理解している。ＡもＣもこの本質論を踏まえた上での段階論だと承知しているのである。生徒たちは大人が考える以上にリアリストで、現実の国家間の力関係や日本外交の姿を見抜いている子もたくさんいる。こうした生徒がＡやＣの立場にまわっていると考えられる。

私には、ほぼ同数に三つに分かれた生徒の姿はそのまま北方領土に対する日本人全体の複雑な心情を反映しているように思える。

人物読み物教材の開発——郡司成忠による開拓物語

この後、実際の授業では生徒と一緒に択捉島の元島民の方の手記を読むという学習を入れている。そこに生きた生身の人間の姿を知ることは自国の領土に対する愛着を深めることにつながるからだ。このような読み物教材の開発は領土教育にとって重要な課題である。

そこで、千島列島に関わる人物中心の読み物教材として占守島を探検・開発した郡司成忠《ぐんじしげ》忠《ただ》を取り上げてみたい。以下は私の考えた読み物教材案である。

「最北の地・占守島を探検・開発した郡司成忠」

みなさんは千島列島を知っているだろうか。北方領土のさらに北にある紐《ひも》のように連なる島々である。この千島列島の最北端にあるのが占守島である。

占守島は佐渡島の約半分程度の大きさで、高い山はなく、低い丘が連なっている。夏は平均気温一五度程度で、濃霧の日が続く。九月頃から雪が降り始め、十二月から六カ月間が積雪期となる。決して人が住むのに適切な環境とは言えない。

しかし、明治時代にこの未開の荒野を切り開いて人の住める場所にしようと考えた日本

開拓事業団「報効義会」を結成した郡司成忠（一八六〇―一九二四）。

人がいた。海軍軍人で探検家となった郡司成忠《ぐんじしげただ》である。

成忠は万延元年（一八六〇年）に江戸の旗本の子として幸田《こうだ》家に生まれた。有名な明治の文豪・幸田露伴《ろはん》の兄にあたる。成忠は幼いときに郡司家の養子となった。

海軍の軍人となった成忠は、日ごろから「日本の国防を考えたときに北の守りが重要だ。ロシアとの国境にあたる最北の島・占守島を調査し、開発する必要がある」と考えていた。

成忠は千島の文献を集め、生物・地質・鉱物・気象などの専門書を読み、知識を養っていた。この計画は単なる思いつきでは成功しないと考えていたのである。同時に、報効義《ほうこうぎ》会《かい》という組織を作り、同じ考えを持つ仲間を集めた。成忠の考えに賛同し、占守島への渡航に協力してくれる人が徐々に増え始めたが、資金を出してくれる人はなかなか現われなかった。

意を決した成忠は長さ約九メートルのボートで東京から千島列島の占守島まで行くという途方もない計画を考えついた。このボートによる渡航計画が反響を呼び、報効義会は一躍注目されるようになった。この結果、資金が集まるようになったのである。

明治二十六年（一八九三年）春。まず、約二〇名が三隻のボートで隅田川を出発。その後、残りの会員が横須賀《よこすか》を出発した。

いくつかの困難はあったものの順調に東北の海を進み、途中で帆船二隻を手に入れることができた。こうして帆船とボートで北海道をめざしたが、ここで成忠の一行に不運な事故が起こった。暴風雨によりボート一隻と帆船一隻が遭難し、計一九名が死亡するという大惨事になってしまったのである。

「リーダーである自分の判断の誤りで半数の仲間を失ってしまった。彼らとその家族にどうわびたらいいのか……」

成忠は悩んだ。その後、会員の安全を優先してボートをあきらめ、軍艦磐城《ばんじょう》による曳《えい》航《こう》で北海道の函館に入港。そこで地元の人々の好意により帆船に乗せてもらい択捉島へ到着した。さらに、硫黄採掘のための帆船に乗ってシャスコタン島へ上陸。そこから再び軍艦・磐城に再会するという幸運に恵まれ、ついに占守島に辿《たど》り着くことができたのである。東京を出発してすでに五カ月が経っていた。ただし、さまざまな事情から九名だけが占守島の土を踏み、残りの者はシャスコタン島に留まることになった。

占守島はやはり無人の島であった。先住民の残した小屋が二軒あるだけで人影はない。すぐに厳しい冬がやってくる。会員たちは越冬のための住居や物置の建設に取りかかった。

「われわれはこれからもっとも困難な越冬訓練に入る。お互いに身体には十分に気を付けてすごそう。とくに水腫病にかからないように気を付けてほしい」

水腫病とは、会員たちを苦しめた風土病である。野菜などの植物ビタミンが不足するとむくみがきて死亡する。この後、シャスコタン島に残った九人のうち四人が水腫病にかかり身体の自由がきかない状態で一酸化炭素中毒になり、帰らぬ人となってしまう。残りの五人も食料補充のために出漁したまま餓死してしまった。

成忠らは占守島での調査を開始した。地勢・地味の調査、天候気象の観測、産物や樹木調査、海底の深度や波・潮流の影響、飲料水の確保などである。また、オットセイなどを乱獲する外国の密猟船の実態調査とそれを阻止することも大事な任務となっていた。

翌年の六月、無事に越冬することができた成忠たちのもとに再び軍艦磐城が現われ日清戦争の勃発《ぼっぱつ》を知らせた。成忠は悩んだ末に占守島からの引き上げを決意した。

だが、このときに占守島に残留した六人のうち三人が次の越冬でやはり水腫病にかかり死亡してしまう。こうして第一次報効義会の拓殖事業は終わったのである。

日清戦争が終結し、成忠は第二次報効義会の結成をめざして活動を始めた。第二次では第一次の経験をふまえてさらに事業を前進させ、漁業と農業に力を入れることを目的にした。この第二次事業の参加者は五六名で、開拓移住の目的から家族ぐるみでの参加となった。この中には成忠の妻を含めた一四人の女性たちも入っていた。

事業は着実に成果を上げげた。漁業や農業の他にも牛、馬、豚の牧畜、カニやサケの缶詰製造、製塩も行なった。また、第一次の失敗を生かし、夏・秋のうちに新鮮な野菜を確保することで水腫病を防ぐことができた。成忠は、次のように訓示したと言われている。

「いまやわれわれは単なる探検家ではない。探検も調査も終わり、占守島に永住して北辺の警備に当たっているのである」

島で結婚する男女も現われ、明治三十六年（一九〇三年）には定住者が一七〇人にまで増えていた。

翌年、日露戦争が始まった。成忠らは島で義勇隊を組織し、カムチャツカ半島に向かった。上陸には成功したが、ロシア兵との戦闘で一六名が死亡。成忠も捕らえられてしまった。その後、成忠は解放されて日本に戻ることができたが、会長である成忠が捕らえられた時点で占守島に残った会員たちは引き上げを決定した。第二次報効義会の事業もこうして終わることになったのである。

しかし、この島で結婚した別所佐吉《べっしょさきち》とタキ、そしてこの島で生まれた息子・別所二郎藏《じろぞう》ら七名だけは島に昭和二十年（一九四五年）のソ連軍進駐まで住み続けていた。

帰国した成忠はその後も北千島の開拓に尽くしたが、大正十三年（一九二四年）に六五歳で亡くなった。

占守島には慰霊のために建立された「志士之碑」が今も立っている。碑の文字は幸田露伴が書いたものである。その周りには島の開拓に尽くした人たちの墓が三〇あまりあるという。

この物語を教室で読んだら、ぜひ生徒に感想を求めてみたい。郡司成忠の人物像に惹《ひ》かれる子もいるだろう。占守島そのものに興味を持つ子や島での過酷な生活に驚く子もいるだろう。また、日清・日露戦争といった歴史上の事件と物語がつながっていることに関心を持つ子もいるかもしれない。どんな感想を持つにせよ、この島と日本人が深く関わっていることに心を動かされるに違いない。

北方領土の背後には千島列島がある。日本の最北端は千島列島の占守島から始まっていることを忘れてはならない。

〈参考文献〉

外務省『二〇一〇年版われらの北方領土』
山田吉彦『日本は世界4位の海洋大国』講談社（講談社＋α新書）二〇一〇年
上坂冬子『「北方領土」上陸記』文藝春秋　二〇〇三年
豊田穣『北洋の開拓者―郡司成忠大尉の挑戦』講談社　一九九四年
別所二郎藏『わが北千島記―占守島に生きた一庶民の記録』講談社　一九七七年
山県泰三『千島物語―島々の呼ぶ声がきこえる 日本の若い人々へ』東洋書房　一九八一年
高倉新一郎『千島概史』南方同胞援護会　一九六〇年
渡邉明『われら千島・南樺太を放棄せず』國民會館（國民會館叢書）一九九八年

第四章　小笠原諸島

欧米から領土を取り戻した幕末のサムライたち

服部　剛

領土確定までの熾烈な駆け引き

小笠原諸島は東京から南へ約一〇〇〇キロメートル以上離れた広大な海域に浮かぶ三〇ほどの島々から成り立っている。岩礁を含めるとおよそ一五〇にもなるという。絶海の島々である小笠原がどの都道府県に属しているか、ご存じだろうか。明治十三年に東京府に組み込まれて以来、今も東京都に属している。

小笠原諸島で一般の人が住んでいるのは父島と母島だけだ。最大の島である父島の面積は千代田区のおよそ二倍で約二四平方キロメートル。母島は約二〇平方キロメートルである。常夏のハワイのように一年中、暖かな亜熱帯気候に属し、世界有数の透明な海を誇る小笠原諸島は、独自の生態系を持つ動植物の宝庫となっている。

その希有《けう》な自然環境のため、「人類共通の貴重な財産」として平成二十三年（二〇一一年）六月にユネスコの世界自然遺産に登録された。

さて、わが国にとって小笠原諸島が貴重なのは、自然だけなのであろうか。日本の排他的経済水域（ＥＥＺ）を地図で確認していただきたい。小笠原諸島が持つ広大なＥＥＺは何と四四七万平方キロメートルを占め、日本の国土面積の約一二倍もある。世界第六位を

小笠原諸島を構成する島々

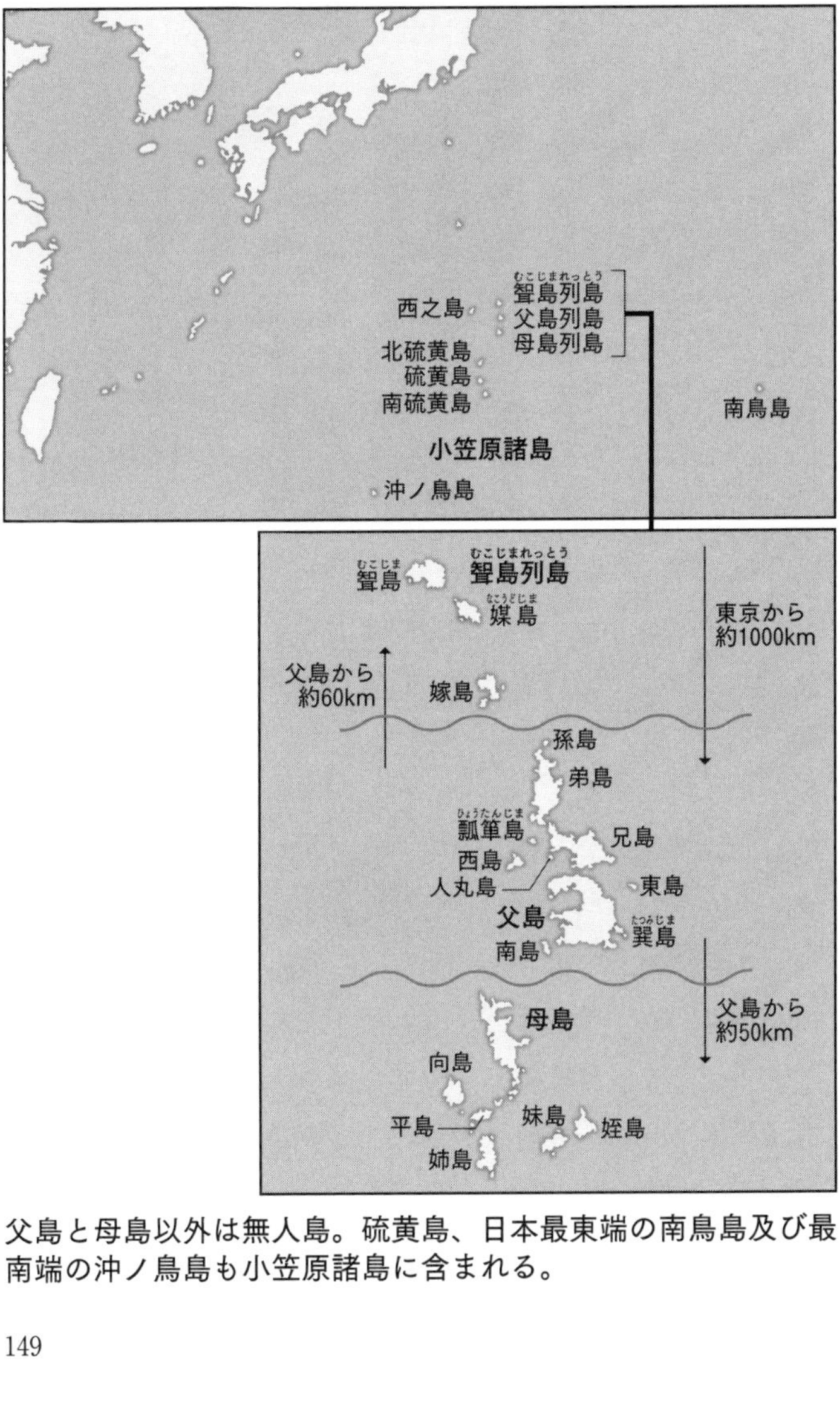

父島と母島以外は無人島。硫黄島、日本最東端の南鳥島及び最南端の沖ノ鳥島も小笠原諸島に含まれる。

誇る日本のＥＥＺの三分の一は、小笠原諸島によって確保されているのだ。

海洋国家・日本にとってかくも貴重な小笠原諸島は、もとから日本の領土として認知されていたわけではなかった。それがわが国の領土として確定するまで、欧米諸国との熾烈《しれつ》な綱引きがあったのである。

江戸時代の末、わが国ではにわかに小笠原諸島が注目されはじめた。それは、わが国を開国させたアメリカ東インド艦隊司令長官マシュー・ペリーの来航から始まる。

日本を開国させたマシュー・カルブレイス・ペリー（一七九四―一八五八）。

嘉永六年（一八五三年）、ペリーは浦賀《うらが》に来航する前に父島に立ち寄っている。ペリーが小笠原に上陸した目的は何だったのか。

アメリカだけではない。ペリーが来る前に、イギリスやロシアからも多くの船が小笠原に来航していた。しかもその時、小笠原に住んでいたのは日本人ではなく、何とアメリカ人やイギリス人たちだったのである。

このような状況にあった小笠原が、どうしてわが国に帰属することになったのか。幕末のサムライたちの活躍と明治の先人たちの努力を中心において、その知られざる歴史を紐解いていこう。

最初の発見はミカン船の漂着だった

小笠原諸島の存在が日本人に知られるようになったのは、寛文十年（一六七〇年）のことである。四代将軍・徳川家綱の時代、紀州（和歌山県）のミカン船が遭難して「名も知れぬ無人島《むにんじま》」に漂着した。それが小笠原（現在の母島）だったのである。生き残った七人は壊れた船の木材を使って小舟を造り、父島から八丈島へと島々を伝って、命からがら数カ月もかかって下田に生還した。

「八丈島のはるか南で、暖かくて美しい無人島を発見した」というニュースは、多くの人々の評判になる。そこで、幕府は探検家の島谷市左衛門《しまやいちざえもん》に小笠原の調査を命じた。

延宝三年（一六七五年）、三八人の探検隊は下田から南下し、みごと小笠原に到着する。島谷は島々の経度を測って地図を作成し、島に名前をつけていった。そして、父島に「天照大神《あまてらすおおみかみ》・八幡大菩薩《はちまんだいぼさつ》・春日明神《かすがみょうじん》」を祀《まつ》った祠《ほこら》と「此《この》島大日本之《の》内也《なり》」と記した碑を建て、これを日本領土のしるしとしたのである。

＊この時、島谷が名付けた島名が今も使われている「父島」「母島」「弟島」「姉島」「妹島」などである。さらに、島谷は大きな島では、「大村」「須崎」「奥村」などの地名も命名している。

ところが、幕府は発見した島々を伊豆代官の管轄地としたものの、開拓は行なわず、「無人島（むにんじま・ぶにんじま）」のままで放置することに決定した。なぜなら、小笠原はあまりにも本土から遠かったからである。

「小笠原」という名の由来になった発見伝説とは

ミカン船の小笠原漂着事件から五七年後のこと。ミカン船よりもずっと以前に無人島は発見されていた、という伝説が突如現われた。

享保十二年（一七二七年）、八代将軍・吉宗《よしむね》の時、小笠原貞任《おがさわらさだとう》という浪人が、奉行所に「あの島は私の領地である」と無人島への渡航許可を願い出た。その際、『巽無人島記《たつみむにんじまき》』という本を証拠として提出している。これによると、信州（長野県）松本の城主・小笠原長時《ながとき》の曾孫である小笠原貞頼《さだより》が、豊臣秀吉《とよとみひでよし》の許可を受けて南海を探検し、文禄《ぶんろく》二年（一五九三年）に無人島を発見したことになっている。さらに、徳川家康がこの島の所有権を貞頼に認めたと書かれていた。この貞頼の子孫こそ、貞任だというのである。しかし、幕府の調査の結果、偽りの話であることが発覚して、貞任は投獄の後に追放とあいなった。

ところが、この事件は大ニュースとして世間で騒がれたので、いつしか無人島は「小笠《おがさ》原島《わらじま》」という名前で呼ばれるようになったのである。

この無人島の情報は、長崎の出島にいたドイツ人医師ケンペルが刊行した『日本誌』（一七二七年）に掲載され、日本人による「先占《せんせん》（所有者のいない土地などを他より先に占有すること）」がヨーロッパに紹介されることになった。

さらに、天明五年（一七八五年）、兵学者・林子平《はやししへい》の著作『三国通覧図説《さんごくつうらんずせつ》』の「無人島《むにんじま》之図《のず》」が、フランス人東洋学者のレミューザの論文（一八一七年）やクラプロートによる翻訳本（一八二六年）でヨーロッパに伝わった。やがて、欧米人は小笠原を「無人（むにん、ぶにん）」の発音から「ボニン・アイランズ（Bonin Islands）」と呼ぶようになっていった。

その後、いわゆる「鎖国」体制下の日本が放置していたのに対して、欧米人は小笠原に強い関心を示すようになっていくのである。それは、どうしてだろうか。

太平洋に進出を始めた覇権国

当時、世界中に植民地を持つ大帝国を築いたイギリスは、太平洋にも覇権を確立しようとしていた。一方、新興国のアメリカも大陸の西岸まで開拓を終え、さらなるフロンティアとして太平洋への進出を開始した。十九世紀、太平洋を舞台に、この二つの大国が小笠原で衝突しようとしていた。

この頃の欧米諸国は、さかんに捕鯨を行なっていた。というのも、産業の機械化が進み、機械用の油や夜間照明用のランプの油が大量に必要になり、これに最適だったのが鯨油だったからである。

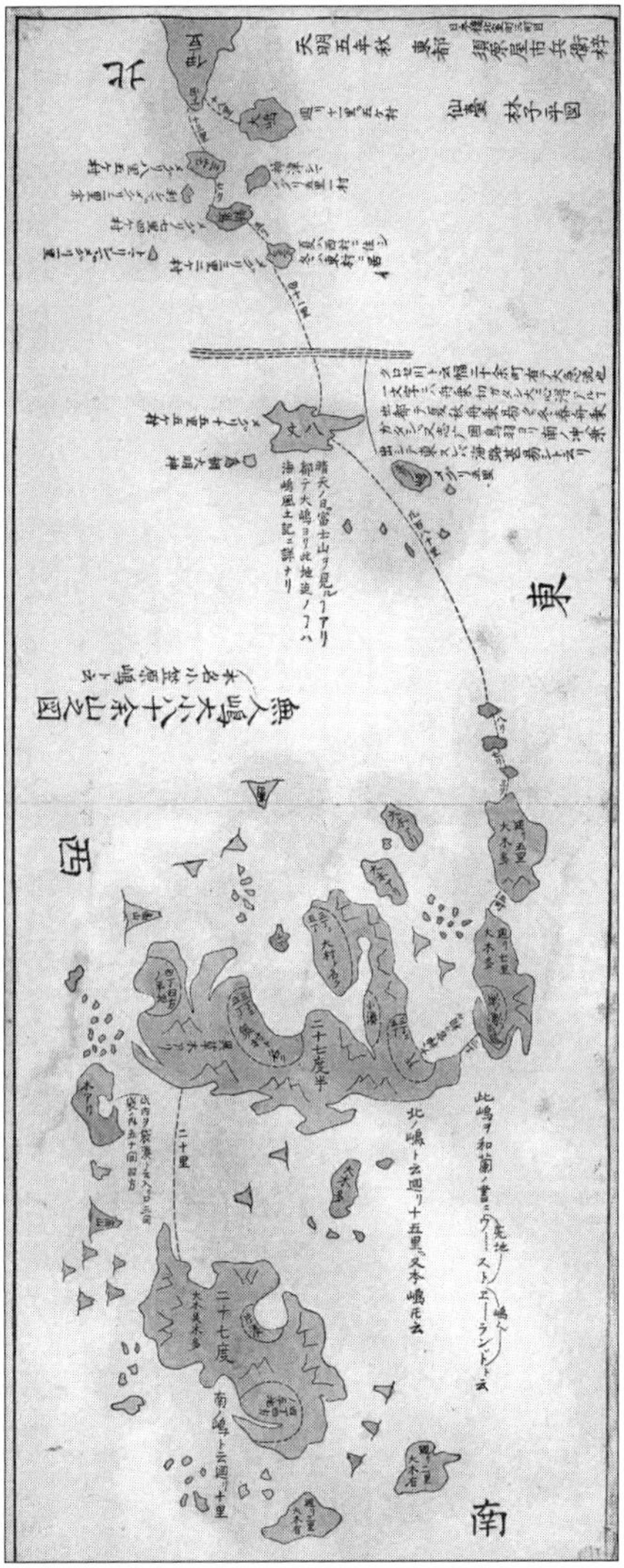

林子平『無人嶋大小八十余山之図』（天明五年　国立公文書館所蔵）。「無人嶋」の横に「本名小笠原嶋ト云」とある。

＊アメリカで石油の機械掘りに成功したのは一八五九年。原油を精製した灯油などが普及したのは、それ以後である。

欧米の捕鯨船は銛《もり》や捕鯨銃で鯨を仕留め、皮下脂肪から鯨油を採ったら残りは海に捨てていた。乱獲によって大西洋の鯨を捕り尽くしてしまった彼らは、漁場を太平洋に拡大する。特に小笠原近海のマッコウクジラの大群がいる海域は「ジャパングラウンド」と呼ばれ、鯨の宝庫であった。こうして、小笠原は食料や水、薪の補給地として俄然注目が集まり、本格的な来航がはじまったのである。なかでも積極的だったのがイギリスだった。

一八二四年、イギリスの捕鯨船が母島に来航し、船長の名前をとってコッフィン群島と命名する。イギリス船は二五、二六年と続けて父島に立ち寄っている。

一八二七年には、イギリス海軍の調査船ブロッサム号が小笠原諸島を探検し、父島をピール島、母島列島をベイリー群島、二見《ふたみ》港をポート・ロイドと命名。それだけではなく、何と艦長のビーチーは小笠原をイギリス領として宣言し、宣言文を刻んだ銅板を樹木に打ちつけて帰って行った。

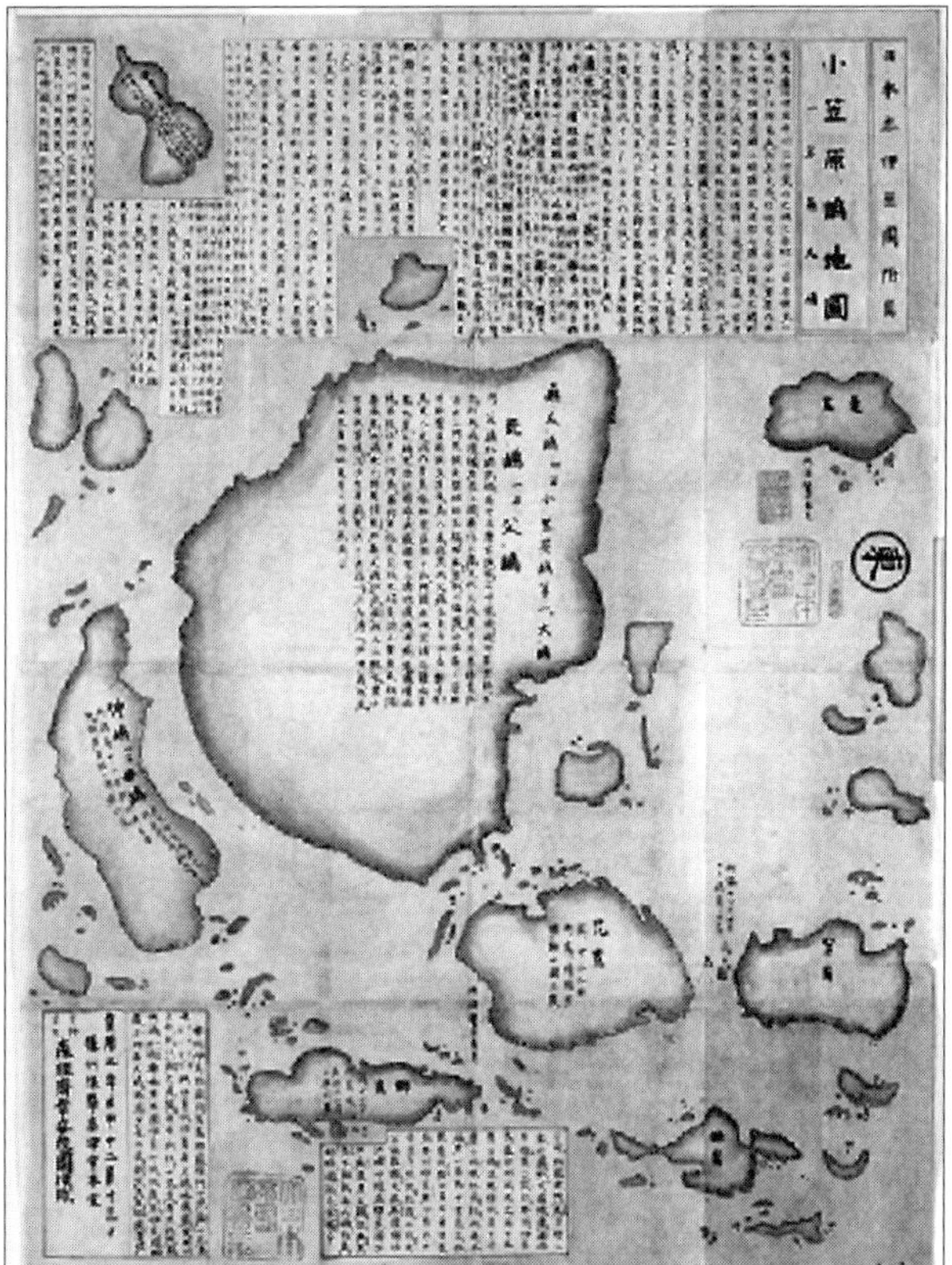

『三国通覧輿地路程全図』（天明五年　国立公文書館所蔵）。林子平の著わした「三国通覧図説」とともに出版された小笠原の地図。

＊ブロッサム号来航の翌年、ロシア軍艦も父島へ来航するが、イギリスの領有宣言を知ってたいへん悔しがったという。ビーチーの銅板は、オーストラリア国立図書館に現存している。

その三年後の天保元年（一八三〇年）、無人島だった小笠原に定住する人々が現われた。しかし、それは日本人ではなかった。ハワイ・ホノルルのイギリス領事チャールトンは、小笠原の領有を確実にするため「ボニン・アイランズ」の開拓を計画し、米英人ら五人とハワイ人二〇人を開拓団として送り込んだのだ。彼らは自力で島を開拓し、英・米・露・仏などの捕鯨船を相手に水や食料、家畜などを売って生計を立てていった。

いまや小笠原は、太平洋を狙うイギリスの野心に飲み込まれようとしていたのである。

ペリー来航による小笠原植民地化計画

小笠原は欧米各国にとって重要な良港となり、一八二〇年代（日本の文政年間）には、わが国の沖合で欧米の捕鯨船と日本漁船がしばしば遭遇する事態も起こるようになった。

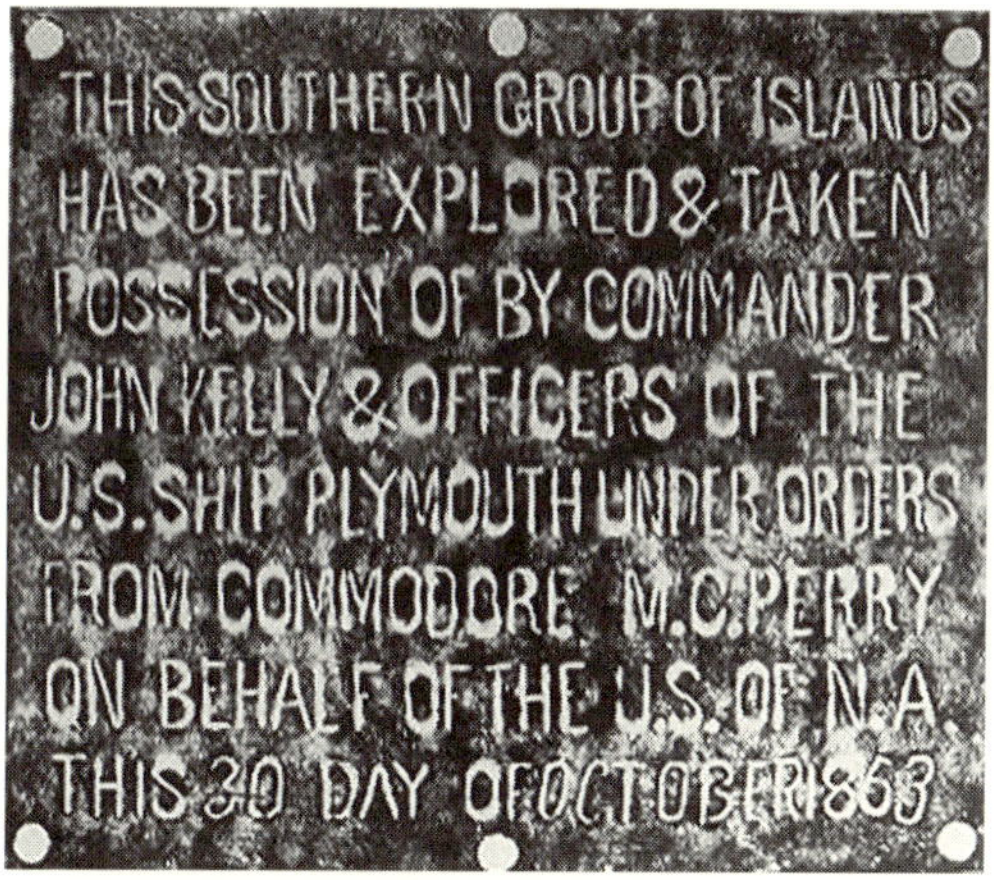

ペリーによる母島領有宣言銅板の拓本

そして嘉永六年（一八五三年）、日本開国の使命を帯びたアメリカ海軍提督ペリーが、浦賀に向かう直前に父島に来航し、上陸する。当時、島の欧米人らは五〇人ほどに増えていた。ペリーは四日間の滞在中、島をくまなく調査した上で、小笠原の領有を宣言したのである。

ペリーには日本攻略の一計があった。もし幕府が自分たちを受け入れず砲撃してきた場合、艦隊をいったん小笠原まで退き、島を日本侵攻の基地にしようと考えていたのだ。そのため、ペリーは島の指導者でアメリカ人のナサニエル・セーボレーと会談し、石炭置場として五〇ヘクタールの土地を購入、これを補給基地として確保した。さらに、セーボレーをボニン・アイランズ長官として米国海軍に編入し、島民たちに自治政府を作らせている。この時、小笠原は事実上、ペリーによってアメリカの軍政下に置かれたのである。

＊日本訪問後にも、ペリーは母島に兵を派遣して探検させ、「合衆国の名の下に正式にボニン諸島を占領」したと記されたアメリカ領有宣言の銅板を設置している（P159写真）。また、ペリーは帰国後に書いた『小笠原島覚書』で、「小笠原群島は太平洋の要路に位置するので、ここに捕鯨船の補給基地および米―中航路の蒸気船のための石炭貯蔵所を設け、これらを自由に利用するために植民地にするべきだ」と説いている。米―中航路とは「サンフランシスコ―ハワイ―上海」を結ぶ航路である。この太平洋ルートなら中国に到達するのに二〇日たらず。大西洋―インド洋ルートでは四カ月ほどを要するので、イギリスに対して圧倒的優位に立てる。それゆえ、ペリーは小笠原を米国太平洋海運の基地にする構想を立てたのである。

幕府の決断――領有権を回復せよ

嘉永七年（安政元年・一八五四年）、ペリーは日本の開国に成功した。日米和親条約に基づき、翌年から続々と捕鯨船が箱館（函館）に入港して来た。驚くべきことに、捕鯨船のほとんどが、前寄港地を「ボニン・アイランド」と記していたのだ。幕府は言いしれぬ不安を募らせることになる。

続いて安政五年（一八五八年）、「日米修好通商条約」を締結した幕府は、その批准書交換のため、万延元年（一八六〇年）にアメリカに使節を派遣した。この時、ペリーが帰国後に書いた『日本遠征記』が一行に手渡された。使節団の帰国後、これを読んだ幕府は驚愕する。なぜなら、日本が知らない間に、米英で小笠原の領有を争っていること、ペリーが日本開国のために小笠原を利用しようとしていたこと、すでに父島には欧米人が定住していることなどが書かれていたからである。ここに至って幕府は小笠原の地政学的重要性を自覚した。

実は、まさにこの時、ロシア軍艦による「対馬占領事件」が勃発していた。幸い、イギリスの支援を取り付けて、ロシア軍艦の退去に成功したものの、この文久《ぶんきゅう》元年（一八六一年）二月から八月までの半年間、国土の一部がロシアに占領されたという事実は日本人にとって大きな衝撃であった。

こうして、小笠原は国防の第一線として認識されるようになり、これを受けて時の老中安藤信正《あんどうのぶまさ》は即座に決断した。

「このままでは日本を守れない。無人島《むにんじま》を確保せよ！」

欧米の支配下にある小笠原を回収するという大役を任されたのが外国奉行・水野忠徳《みずのただのり》である。下田奉行や長崎奉行を歴任した外交の専門家だ。しかし、水野の任務は簡単なものとは思えなかった。なぜなら、小笠原はすでに、

①一八三〇年以来、欧米系住民が入植している
②アメリカとイギリスが領有宣言をしている

という状況にあったからだ。

この難題を前に、水野は幕閣たちに向かってきっぱりと宣言した。

「日本に由緒のある島々が外国の帰属になることは、断じて許さない！」

水野の腹は決まった。ついに同年十二月、水野をはじめ約一〇〇名が軍艦咸臨丸《かんりんまる》に乗り、小笠原を確保せんと荒波を越えて行ったのである。

一方、安藤は直ちに各国公使に対して、小笠原の日本による開拓を通告している。

「書簡を以《もっ》て申し入れ候《そうろう》。我が南海属島小笠原島、渡航中絶の所、今般《こんぱん》、外国奉行水野筑後守《ちくごのかみ》、目付《めつけ》服部帰一《はっとりむねかず》等差遣《さしつか》は《ワ》し、追々《おいおい》開拓の挙に及ばんとす。然るに真偽は計り難く候《そうら》え共《ども》、近来貴国人移住の者これ有由《あるよし》伝聞《つたえきく》に及び候間《あいだ》、念の為申入れ置き候」

〈書簡にて申し入れる。南海にある我が国の属島・小笠原は、これまで渡航を中断していたが、この度、外国奉行の水野筑後守、目付の服部帰一らを派遣し、順次、開拓を始めることに決した。ところで、事の真偽は不明だが、近年になって貴国の国民が小笠原島に移住していると伝え聞いているので、念のため申し入れておく〉

この通告文に対して、米国公使ハリスは、

「この件は本国政府に連絡し回答を待つ。ただし、小笠原在住のアメリカ人の既得権を要求する」と返答してきた。実は、この時期のアメリカは南北戦争の開戦で、太平洋の小島の領有権を日本と争う余裕はなかったのである。絶妙のタイミングだったといえるだろう。

英国公使オールコックは、「この無人島は一八二七年にイギリスがはじめて領有した。したがって日本人が最初の発見者であってもその後の管理を怠ったのであるから、その権利は消滅している。帰属先は、発言権を持つ英・米・露三国に委ねるべきであろう。しかし、開拓をする場合、これまで通り外国船の自由な停泊を認めるならばイギリスは干渉しない」と開拓は承認するが、あくまで領有権は譲らなかった。

航行することおよそ二週間、父島に着いた咸臨丸は七発の号砲をとどろかせて二見港に入った。すると、何とこれに応えて海岸に星条旗が掲げられたのである。上陸した水野は、港近くの旭山《あさひやま》の頂上に日の丸を掲げさせ、ここが日本の領土であることを示した。すぐに全島民と話し合いが持たれた。水野は住民代表のセーボレーに一八六年前に日本が小笠原を発見・調査したという事実を説明し、次の三点を提示する。

①小笠原を日本領とすること
②欧米人のこれまでの生活・財産を保障し、既得権を尊重すること
③今後、日本人移民の開拓に協力すること

水野は島民に、「もし、日本の統治が不服なら島を退去してもらうことになるが、その際は補償金として土地と住居を買い上げる」と伝えた。

すると、欧米人は、「日本の統治を受け入れる」と返答したのである。どうしてだろうか。実のところ、これまで国家の保護を受けていなかった島民たちは、海賊や無法な船乗りらによる盗みや拉致などの犯罪行為によって生活を脅かされていたのだ。これまでも、島民はイギリス政府やアメリカ政府の保護を求めてきた。しかし、小笠原はあまりにも遠く、通常の保護が困難だったので、両国とも放置してきたという経緯があった。

これに対して、水野は島民の保護を明確に打ち出しており、加えて、その交渉の姿勢がとても公平だったので、全島民が日本への帰属を歓迎した。島民との会談が首尾よく終了した後、水野は持参した土産を島民全員に贈り、大喜びされたそうである。

先の渡米時に咸臨丸の航海長を務めた経歴を持つ小野友五郎《おのともごろう》は、その間に小笠原の島々を徹底的に調査している。友五郎は、日本が南方から侵攻される場合、小笠原が支援基地になることを確信していた。当時、日本近海の島々の経緯度はまだ確定されておらず、日本を守るためには正確な地図が必要だった。算学を修め、測量に熟達した友五郎は、経緯度・海岸線・水深などのデータをとり、詳細な「小笠原群島実測図」を完成させている。英米はまだ小笠原の近代的実測図を持っていなかった。

およそ四カ月の滞在期間中、水野も精力的に島々を探査した。水野は父島に大神宮を造営し、日本領の由来を刻んだ石碑を建て、島名・地名・山名などを命名している。

そして、和文と英文の両方で作成した島の規則を島民に公布し、日本による統治を明確にした。

文久二年（一八六二年）三月の末、江戸に戻った水野は、各国公使に「小笠原の領有」を通告する。以後も幕府は粘り強く交渉して、ついに各国の了解を得ることに成功した。ここに小笠原の領有権は確保されたのである。

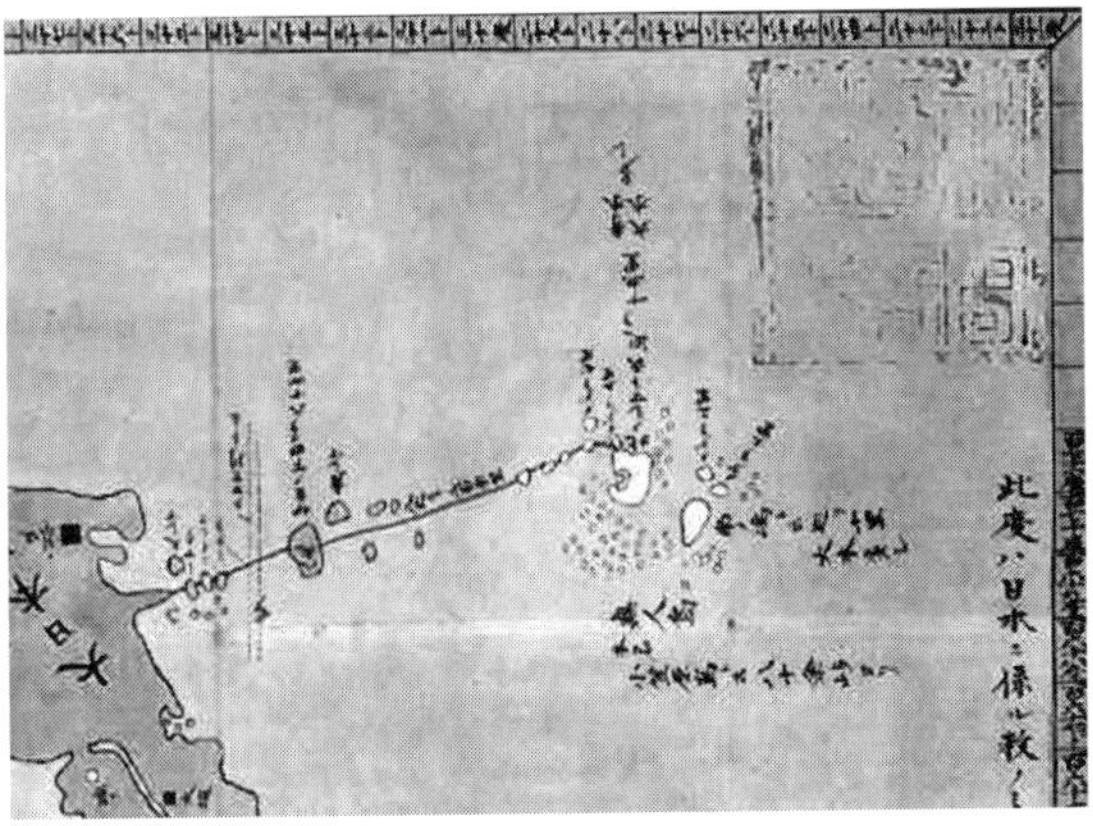

小野友五郎の小笠原群島実測図（国立公文書館「小笠原嶋総図〜真景の部」）。

突然の開発中止

なぜ、欧米各国は日本の小笠原領有を認めざるをえなかったのか。小笠原領有の切り札になったのは、古くは島谷市左衛門らによる「延宝の探検」の事実であり、不確実だったとはいえ小笠原貞頼の無人島発見の伝説、そして咸臨丸の派遣時に小野友五郎が作成した実測地図の存在であった。これらが日本の先占を証明する有力な証拠となって、小笠原が日本領であることを確定する決め手になったのである。何よりも安藤・水野をはじめとする幕閣たちの強固な意志と実行力が、欧米支配下の小笠原を回収するという困難な事業を実現させたといえるだろう。

文久二年（一八六二年）八月、幕府は八丈島から三八名の移民希望者を父島に送り、農業と製塩を開始させた。日本領として実質的な統治が始まったのである。また、幕府は中浜万次郎《なかはままんじろう》（ジョン万次郎）をリーダーにして、小笠原近海での捕鯨を全国に奨励した。

しかし、翌年、小笠原開発は中止になってしまう。撤退の理由は、前年に起きた生麦《なまむぎ》事件（薩摩藩士によるイギリス人殺傷事件）の処理がこじれていたことだった。交渉を有利に進めたいイギリスは幕府に圧力をかけるため、横浜港に艦隊を集結させていた。幕府はイギリスの報復を予測し、小笠原の島民が人質にとられることを心配したのである。実際、後日イギリスは生麦事件の当事者・薩摩藩に対して砲撃し、薩英戦争に発展させているから、これは杞憂《きゆう》ではなかった。

これに加えて、これまで小笠原開発に尽力してきた老中安藤信正が「坂下門外の変」で斬られてすでに失脚しており、水野忠徳も政争の中で奉行職を辞任したことが大きく影響したといえよう。移民全員の引き揚げが決定され、小笠原は再び欧米系住民だけの島に戻ってしまったのである。

その後、攘夷運動がますます激しくなって動乱の時代に突入したため、幕府は小笠原の開発まで手がまわらなくなってしまう。こうして、小笠原は放置された状態に置かれ続けた。

英国公使と激論を交わした日本の外相

明治元年（一八六八年）、明治維新が成って世の中は大きく変わっていった。ところが、その後も小笠原諸島は放置され続けた。なぜなら、この時期の日本は近代化に向けた政治改革を鋭意推進するだけでなく、「士族の反乱」や琉球漁民殺害事件から派生した「台湾出兵」（一八七四年）、ロシア帝国との「樺太・千島交換条約」（一八七五年）の締結など、解決すべき課題が山積していたからだ。絶海の小笠原開発に取り組む余裕などなかったのである。

すると、そんな日本の様子を見てか、突然イギリスが小笠原の帰属を質《ただ》してきたのである。

「あの小笠原の件はどうなったのか？　貴国は依然としてうち捨てているようだが……」

日本に小笠原領有の意思があるのかどうか、駐日英国公使パークスの追及は執拗だった。ここに来て、日本政府はあらためて日本の領有を認めさせる外交措置が必要になったのである。

明治八年（一八七五年）、政府は小笠原の再回収と開拓を決定し、明治丸を派遣することをパークスに通告した。時の外務卿（外務大臣）は寺島宗則《てらじまむねのり》。幕臣時代から外交交渉の経験を積んできたスペシャリストだ。

パークスは寺島に面会を求めて、次のように言った。

「小笠原は本土に近いから日本領である、というのは道理が通らない。そうであれば、琉球は支那（中国）に近いゆえ日本領ではなく支那の領土ということになる」

これに対し、寺島は、

「わが国は前々から領有権を主張している。一〇年前には官吏（役人）を派遣している」

と距離の問題ではないことを明言する。

すると「官吏を派遣したのは日本だけではない。イギリス、ロシア、アメリカも派遣している」とパークスは反論。緊迫の遣り取り《やと》りが交わされる。

寺島「それは政府から派遣を命じたのか」

左：第２代駐日英国公使サー・ハリー・スミス・パークス。幕末から明治初期にかけ18年間駐日英国公使を務めた。右：寺島宗則は「日本の電気通信の父」とも呼ばれたわが国の電信事業の創始者。

パークス「そうだ」

寺島「最後に官吏を派遣したのは日本である。近海の群島を無主のまま捨て置くのは日本のために宜《よろ》しからず！　それゆえ、今回この決定をしたものである」

日本外交の威信をかけて、寺島、堂々の反論である。

この時の交渉において日本の領有権を立証する根拠として重みを発揮したのは、やはり幕末の安藤・水野による開拓の事実であった。この揺るぎない先占の証拠を突きつけて同意を迫る寺島に、パークスは、日本の小笠原領有を既成事実として承認せざるを得なかったのである。

同年十一月、明治丸で小笠原に渡った政

セーボレー家ほか欧米系島民の人々。和洋折衷の文化が根づいている（国立公文書館所蔵）。

府の代表は、欧米系島民に統治の再開を告げた。島民は再び日本政府の保護を受け入れることを了承する。翌年、政府は小笠原諸島規則を制定して各国に通達し、日本人移民による本格的な開拓も始められた。以後、島の発展に尽くす日本政府の真摯《しんし》な姿勢を見た欧米系島民は、明治十五年（一八八二年）までに全員が日本に帰化した。

こうして、小笠原諸島の日本帰属は国際的に確固たるものになったのである。

大東亜戦争後の米軍統治下から日本復帰へ

明治九年（一八七六年）から本格的な開拓が始まり、小笠原諸島は製塩や捕鯨、コーヒー、ゴム、サトウキビ、パイナップルなど南国の農業をベースにめざましく発展した。明治八年（一八七五年）、七一人だった島の人口は、明治二十八年（一八九五年）に四〇〇〇人を超え、昭和十九年（一九四四年）には七七一一人になっていた。

しかし、大東亜戦争の勃発で本土防衛の前線基地と位置づけられていた小笠原は、米軍の爆撃にさらされるようになり、昭和十九年（一九四四年）、ほとんどの島民が本土に引き揚げることになる。日米の激戦を経て終戦となったが、以後、小笠原は米軍の直接占領下に置かれるという苦難の時代を迎える。翌昭和二十一年（一九四六年）に、欧米系島民一三五人だけが帰島を許されたが、皆、故郷の島々を見て呆然とした。「日本の武装解除」を至上命令とした占領軍によって、島の発電所も港湾施設も破壊されており、建物のほとんどが壊され、井戸の水さえ涸《か》れていたからだ。島民たちは力を合わせ、一から島々の復興に取り組むしかなかった。

一方、残る大多数の日本人島民も帰島を強く望んだ。慣れない本土での生活に疲れ、一日も早く、美しい自然に恵まれた故郷に帰りたかったのだ。そこで、「小笠原帰郷促進連盟」を結成し、占領軍に「帰島請願書」を提出するなど、熱心な働きかけを続けたが、まったく許されなかった。こうして、約七年間にわたる占領期が過ぎていった。

昭和二十七年（一九五二年）、ついに日本は独立を回復。いよいよかと思われたが、小笠原は沖縄とともにアメリカ軍の直接統治下に置かれ続けることになった。

沖縄と小笠原は法的地位については同じであるが、その置かれた状況は大きく違っていた。それは、沖縄が終戦とともに疎開していた住民が帰島できたのと異なり、小笠原には日本人がただの一人も居住していないままだったことだ。それゆえ、元島民たちは「このままアメリカの領土になってしまうのではないか……」という不安を常に抱えていた。しかしながら、元島民たちは粘り強く帰島要請を続け、これを受けた日本政府もアメリカとの交渉に臨んだ。その甲斐あって、ついに昭和四十三年（一九六八年）六月二十六日、小笠原の日本復帰が実現する。実に二十三年の年月が経っていた。

以後、念願かなって島々に帰って来た島民たちによって、自然を大切にした農業、漁業、観光産業を中心に村づくりが進められていった。そして今や、小笠原の島々は「世界自然遺産」に登録されるに至ったのである。

振り返れば、江戸時代の末、幕府のサムライたちが小笠原諸島の持つ地政学的な重要性を自覚し、率先して島々を調査して近代的な実測地図を英米に先んじて作らせた先見の明に驚かされる。加えて、確固たる領土意識を持って、国際基準に合致した証拠を周到に用

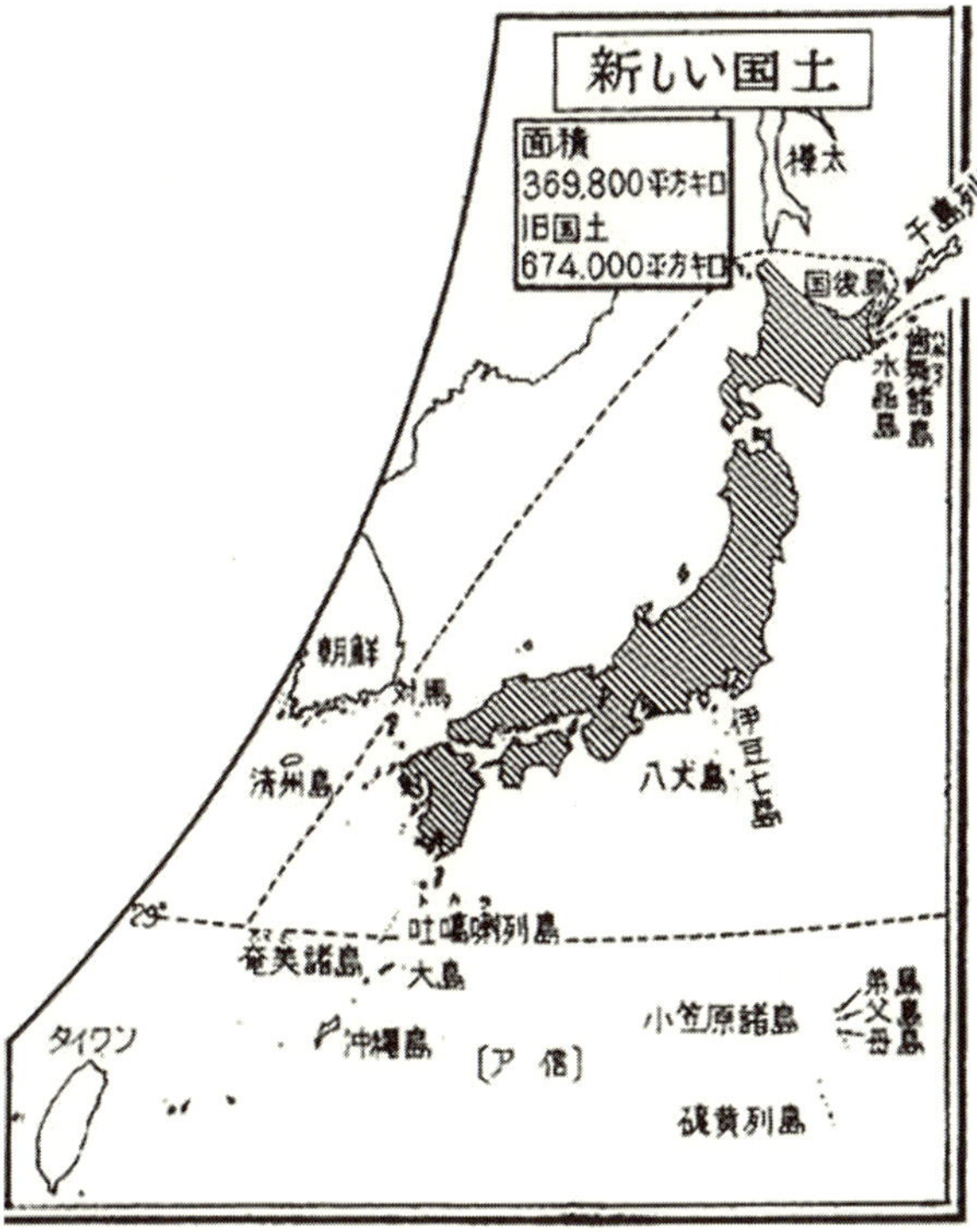

昭和27年発行の『中学校社会科地図帳』（帝国書院）。当時の日本の領域が点線で示され、沖縄と小笠原諸島はアメリカの信託統治領になっている。

意して欧米諸国と交渉し、ついに小笠原の日本領有を認めさせたサムライたちは、頼もしい限りだ。

「弾丸黒子」の小島で

咸臨丸で水野忠徳とともに小笠原に渡った幕臣・田辺太一《たなべたいち》は、後に『幕末外交談』を著わしている。その中で、文久三年（一八六三年）の小笠原開発中止について、これを決定

幕末から明治にかけて活躍した田辺太一。

した政事総裁・松平《まつだいら》春嶽《しゆんがく》を次のように批判した。

「これほどまでに多くの財と時日《じじつ》をついやし、人を労し、ようやくその効が見えるようになって、これを棄《す》てて顧《かえり》みないとは何ごとであるか。たとえ、それが弾丸黒子《こくし》のような極小の土地であっても、ようやく日本の領土に取り入れたものを（後略）」

一度失った領土はそう簡単に取り戻せるものではない。それは北方領土や竹島の現状を

見ればよく理解できるだろう。排他的経済水域の重要性を考えた時、もし小笠原諸島が外国の領土になっていたとしたら、日本はどれほど大きな国益の損失を被《こうむ》ったであろう。たとえ「弾丸黒子のような極小の土地」でも、ここは日本の領土であるという田辺太一の領土感覚を、現在の私たちは肝に銘じる必要があるのではないだろうか。

〈参考文献〉

田辺太一『幕末外交談（1、2）』平凡社（東洋文庫）一九六六年
藤井哲博『咸臨丸航海長小野友五郎の生涯』中央公論新社（中公新書）一九八五年
田中弘之『幕末の小笠原』中央公論新社（中公新書）一九九七年
『発掘された小笠原の歴史 Ogasawara Archaeology and History 2002』（東京都小笠原村教育委員会）二〇〇二年
山口遼子『小笠原クロニクル』中央公論新社（中公新書ラクレ）二〇〇五年
ロバート・D・エルドリッヂ『硫黄島と小笠原をめぐる日米関係』南方新社　二〇〇八年
小美濃清明『坂本龍馬と竹島開拓』新人物往来社　二〇〇九年
渡辺惣樹『日本開国』草思社　二〇〇九年

第五章　南鳥島

冒険家水谷新六が開拓した絶海の孤島

飯島利一

冒険人生の幕開け

日本の地図をひろげて東の端に注目すると、太平洋にポツンと孤立した小さな島が確認できる。日本最東端にあたる国境の島、南鳥島（北緯二四度一七分・東経一五三度五八分の位置）である。

この島は、東京都心からはるか遠く一九五〇キロの距離にあり、小笠原諸島に属している。しかし、その小笠原の最南端にある硫黄島からも一二八〇キロ離れていて、日本の領土では唯一、日本海溝より東側の太平洋プレートの上にある。しかも島の周囲一〇〇〇キロ四方に陸地がない。まさしく太平洋に浮かぶ絶海の孤島だ。

このような孤立無援の小さな島が、どうして日本の領土になったのだろうか。日本列島の近海にある島々ならば、太古からの日本人のいとなみの中で、ごく自然に日本の島となったのだろうと考える。しかし、南鳥島は、日本人が船を漕《こ》ぎだして漁をするにも、罪人を島流しにするにも、あまりに遠い。その距離は、とても歴史的な関わりを想像できないほどである。

では、南鳥島は、いつ、どのようにして日本の領土となったのだろうか。実はここに、

本土、小笠原諸島との位置関係

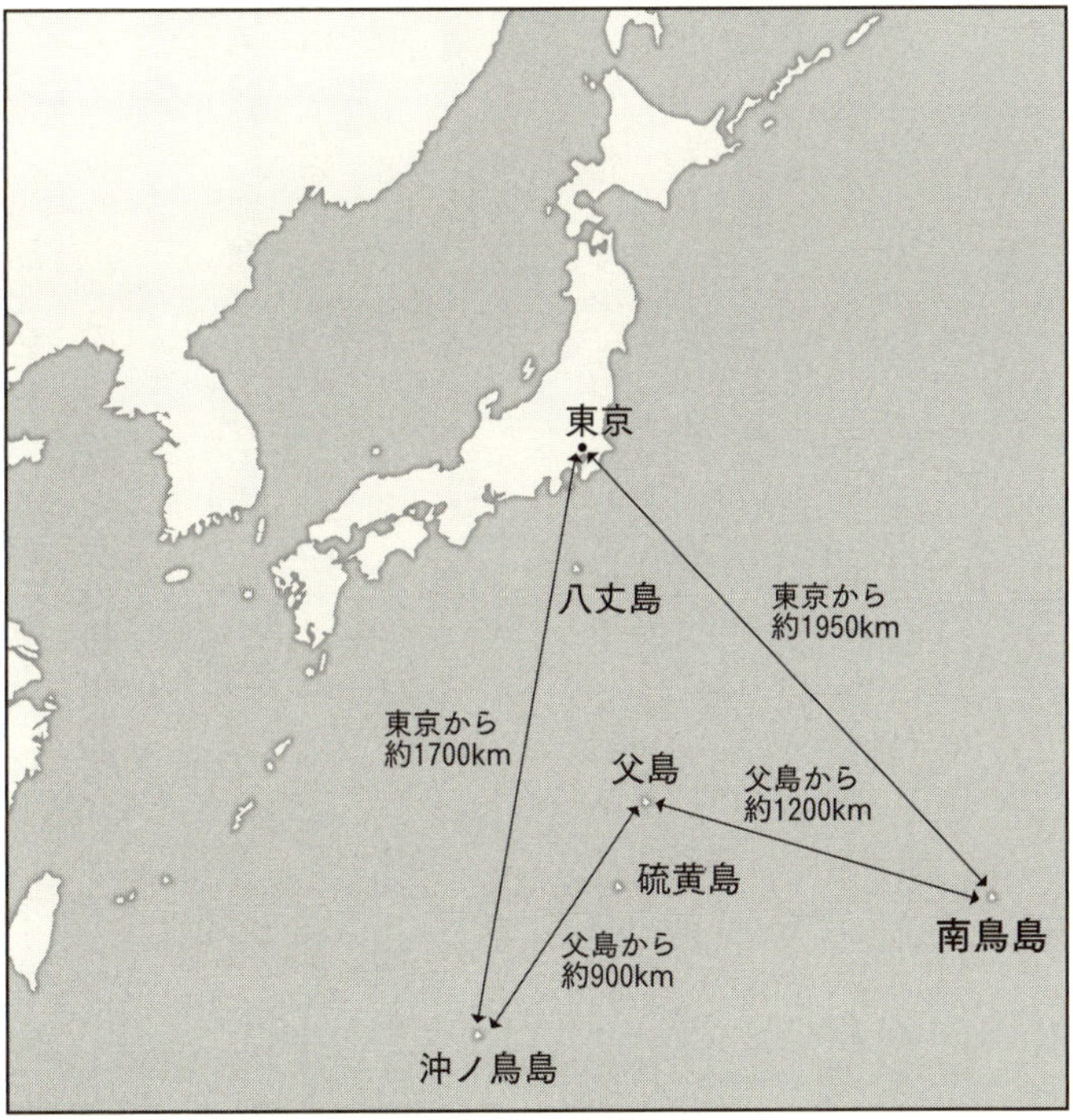

南鳥島は日本最東端に位置し、日本国の島としては唯一日本海溝の東側にある。

明治時代、この島を発見し、開拓を挑み、日本の領土編入に力を尽くした男たちのドラマがある。これからその南鳥島領有の物語を紹介しよう。

明治時代の冒険家、水谷新六《みずたにしんろく》。彼が南鳥島を発見し、最初に開拓を始めた男で、この物語の中心人物である。水谷は、南鳥島のみならず、南西諸島のラサ島（現在の沖大東島《おきだいとうじま》）や、南シナ海にあるプラタス島（東沙島《とうさ》）にも探検・開拓を試み、さらにフィリピンのバタン諸島の探検にも挑んだ経歴を持つ。

> 私は、若い時から船が好きで、今では南洋を舞台として仕事をしているが、その間に何度、難船したか知れぬ。死ぬような目にあったことも一度や二度ではない。また無人島に漂流したこともある。

まるで冒険小説の台詞《せりふ》のようだが、これは、水谷がその晩年に少年向けの雑誌（「日本少年」十巻十三号「無人島に二十三日間漂流」）で、自らの人生を振り返って語ったものだ。

実際に、当時のジャーナリスト横山源之助《よこやまげんのすけ》は「無人島発見成功者水谷新六君の半生」

で、水谷の過去を顧みると勢い冒険小説のようになると述べ、水谷その人を「無敵の冒険児」と評価している。「海国男児の壮図《そうと》」と題した記事にも、「明治の冒険史を飾る三個の健児」の一人に水谷新六を挙げ、南鳥島の発見者として「冒険児の評判高きは世人の知る所である」と書いている。

「無敵の冒険児」と評された水谷新六は、江戸時代の終わり、嘉永三年（一八五〇年）、現在の三重県桑名市の農家に生まれた。明治のはじめ、東京に出て呉服店に勤めて番頭にまでなったというが、頭を下げてばかりの客商売に嫌気がさしたらしい。

水谷は、海外雄飛の夢を語り合う服部新助《はっとりしんすけ》と意気投合し、明治十六年（一八八三年）、服部とともに小笠原の父島へ移住する。まず小型の帆船を購入して、東京と小笠原を往復する雑貨商をはじめた。小笠原は当時「海賊島」と呼ばれ、密猟船の碇泊《ていはく》所としていろんな人種が集合する島であった。頼れる内地人も少ない中で、水谷は海賊のごとき荒くれ男たちを相手にしつつも、順調に商売を広げていった。

やがて、まったく航路の発達していなかったサイパン・グアムなど南洋諸島（カロリン群島）との貿易事業に着目。各地に支店を設けるなど南洋貿易の先駆者として成功をおさめた。水谷の冒険人生の幕開けはこの頃からである。

“幻の島”の噂が広まった

水谷新六の探検は、ひょんな噂話を耳にしたことからはじまった。当時、小笠原の父島の住民たちのあいだで広まっていたのが、幻の島の噂である。幻の島とは、一度発見され海図に記載されたにもかかわらず、その後全く確認できない島のことである。正式には「疑存島」という。太平洋には、大航海時代以来、スペインやポルトガルによって世界地図に記されながら、その存在が疑われる「疑存島」がいくつもあった。

このとき、水谷が聞いたのは、十八世紀末、イギリスの探検家ジョン・ミーアズが発見したというグランパス島のことだった。ミーアズは、ニューギニア島の沖から、日本列島に向けて北上する途中、小笠原近海で南北三〇キロメートルの大きな島と、その周囲にいくつかの島々を目撃した。しかし、付近が濃霧だったため、島の形状もはっきりせず、その位置も曖昧《あいまい》だったようだ。航海記に載せられた海図をみると、北緯二五度一五分、東経一四六度あたりに描かれている。しかしその後、この島はどの探検家の船にも確認されることなく、本当に存在するのかしないのか、謎のまま海図に載りつづけた。

十九世紀後半、帝国主義時代にさしかかると、欧米列強は植民地の獲得や再分割に乗り出し、その矛先は太平洋に散在する島嶼《とうしょ》にも向けられた。イギリスのほか、新興のアメリカやドイツなどが進出し、再確認された島々は次々と領有されるに及ぶ。グランパス島の存在も、明治十五年（一八八二年）頃から、スペインやアメリカでしきりに評判になっていたらしい。

この島に対する関心は、日本国内でも、とりわけ海軍や実業家のあいだで高まっていた。むろん日本には、欧米列強の植民地獲得競争に加わる余裕などない。しかし、日本の近海の島となれば話は別である。明治政府や軍からみれば、欧米列強の脅威に対するため、是が非でも島々の領有権を確保しなければならない。明治の初めに、小笠原諸島がアメリカ・ロシア・イギリスに奪われそうになり、日本の安全保障上、大きな問題になった。幻の島グランパス島は、まさにその小笠原の近海にあるという話である。もしこの島

水谷新六はミクロネシアの島々と盛んに交易を行なっていた。「日本少年」第10巻13号P36より（一九一五年）。

が本当に存在するなら、いち早く日本の領土に編入しなければならない。明治二十四年（一八九一年）に、帝国海軍の練習艦比叡《ひえい》が、海軍兵学校の卒業生訓練のため南方各地を巡航した際に、この島の探索を試みている。

また、実業家にとっても新たな領土が獲得されれば、海外事業をひらく機会にもなる。「読売新聞」の「南洋に豊土ありとは近頃の流行語」という記事は次のように書いている。

近頃、ある説を吹聴する者たちがいる。小笠原島の南東三〇〇海里の海中に一つの大きな島がある。全面積は、小笠原島に比べてやや広大な無人島で、何れの国にも属していない。（中略）非常に小さい山々のふもとには、鬱蒼とした麪包樹（パンノキ）があり、天然の食料を供給している。（中略）谷間にある冷泉は澄んで飲むことができ、湖の岸辺のよどみは濁っていて、稲を植えるのに十分である。まことに不可思議の豊境で、餅が樹に実り、黄金が山間に湧くというのは、このことを言うのだろう。殖産興業には最も適当のところで、世間の人は、この地をグランパス島とよんでいる。（「読売新聞」明治二十四年五月三十日付）

誇張や脚色を感じさせる内容だが、少なくとも記事の内容が示すとおり、この島は殖産興業の対象として注目されていた。海軍のみならず、一攫千金の夢を求めた民間の実業家までもが、自らの事業の拡大を目論《もくろ》んで、この島の探索に挑戦していたのである。

貿易事業で成功をおさめていた水谷も、そうした実業家の一人として、幻の島の探検に乗り出そうと考えていた。とくに、現地で雇っている父島の住民たちが、真顔でグランパス島の存在を主張するので、水谷はついにむずむずと腕を撫《な》で、決心をかためた。

明治二十一年（一八八八年）頃から、貿易商仲間の服部新助の運航する大海丸に、水谷は自ら乗りこんで、洋上探索をはじめたらしい。むろん容易には見つけることはできず、南洋貿易のかたわらで何度も島の調査を試みた。しかし、何年経っても一向に発見には至らなかった。

明治二十九年（一八九六年）の冬、小笠原に帰航する途上、水谷は、たまたまある島にたどり着く。ついに発見したかと喜びに沸いたのも束の間、その島は、噂の島とはおよそイメージの違う小さな島にすぎなかった。しかもその島は、マーカス島（またはウィークス島）という呼称で海図にも載っており、すでに十九世紀の初め、アメリカのモーニングスター号などによって発見されていた。水谷も船員たちも、失望の色を隠せなかった。

ところが瓢簞《ひょうたん》から駒である。この小島は、どの国も領有していない、いわゆる無主の島であることが分かった。さらに上陸してみると、島はアホウドリなどの海鳥に満たされている。開拓すれば、高値で取引されている羽毛の採取が見込めそうだった。水谷はこの島を開拓しようと決心する。

ところで、噂のグランパス島は、その後も探索が続けられたが、明治三十三年（一九〇〇年）、帝国海軍の軍艦金剛《こんごう》による捜索でも発見できず、ついに海図から削除され、グランパス島は幻のまま地図から消滅することになった。

政府の許可を得る前に開拓に着手

図らずもマーカス島を見つけた水谷新六は、この島を開拓するために、どのように行動したのだろうか。まず開拓の前に、政府がその島の領有を宣言しなければならない。これを怠《おこた》ると、島を狙っていた他国とのあいだに紛争を生む危険があるからだ。その上で、政府に開拓願を申請して許可を得る。正式に政府のお墨付きを得たところで、はじめて島の開拓が可能になるのだ。これを整理すると次のような順序になる。

①政府がその島の領有を宣言する。
②政府にその島への渡航や開拓を申請し、許可を得る。
③開拓のための工場建設や労働者を雇用して島へ移住する。

ところが、水谷新六のとった行動は、①→②→③のとおりではなかった。この島の発見は、明治二十九年（一八九六年）十二月。水谷は、その月のうちにマーカス島の開拓をはじめてしまった。まず、アホウドリの羽毛を加工する工場で働くための労働者を、小笠原諸島の母島で約二〇名雇用し、十二月二十八日には移住させる。と同時に、島に資材を運び入れ、工場建設に取りかかった。水谷は、政府への申請や許可を得ることなく、まず開拓をすすめ、島を占有して既成事実をつくってしまったのである。

水谷が、政府に対して日本の領土に編入するよう働きかけたのは、その後になった。政府の判断は常に時間を要する。そのあいだに、同業の開拓者や他の国に奪われかねないと考えたのだろう。水谷が内務大臣の樺山資紀《かばやますけのり》に宛てた上申書、ついで東京府知事に「島嶼発見御届」を提出したのは、発見の翌年、明治三十年三月であった。つまり、実際に水谷のとった行動は①→②→③の真逆、③→②→①の順だった。

この頃、明治政府は、立憲国家の道を歩みだしたばかりだった。いわゆる薩長の藩閥勢力と民権派勢力が対立し、政局は混迷して首相が次々と交代した。事実、水谷の上申書は、第二次松方正義《まつかたまさよし》内閣の十月の閣議で初めて論議されたが、決定には至らなかった。次の第三次伊藤博文《いとうひろぶみ》内閣は、島の領有の実現に向けて動きだし、水谷は東京府に召喚され、詳細な報告書の提出を求められたが、結局、ことの決定を見るには至らなかった。政府の決定は、さらにその次、第一次大隈重信《おおくましげのぶ》内閣の成立を待たなければならなかった。

政府（内務大臣板垣退助《いたがきたいすけ》）は、明治三十一年七月の布告で、この島の領有を宣言し、東京府小笠原島庁に編入した。島名は、当初、水谷新六の功績から「水谷島」にする案もあったらしいが、最終的には、南鳥島に決定した。島の命名は地理学者の志賀重昂《しがしげたか》と言われているがはっきりしない。

ようやく水谷は、一〇年間の期限つきでこの島を政府から正式に借り受け、名実ともに開拓事業に着手することができた。島の南側海岸の居住地は水谷村と名づけられ、さらに北の鼻、西の鼻、巽岬など島内の地名が定められ、人の居住する形態が整備された。

水谷新六は南鳥島の開拓を実現するために、つねに先手をとった。彼のこうした行動

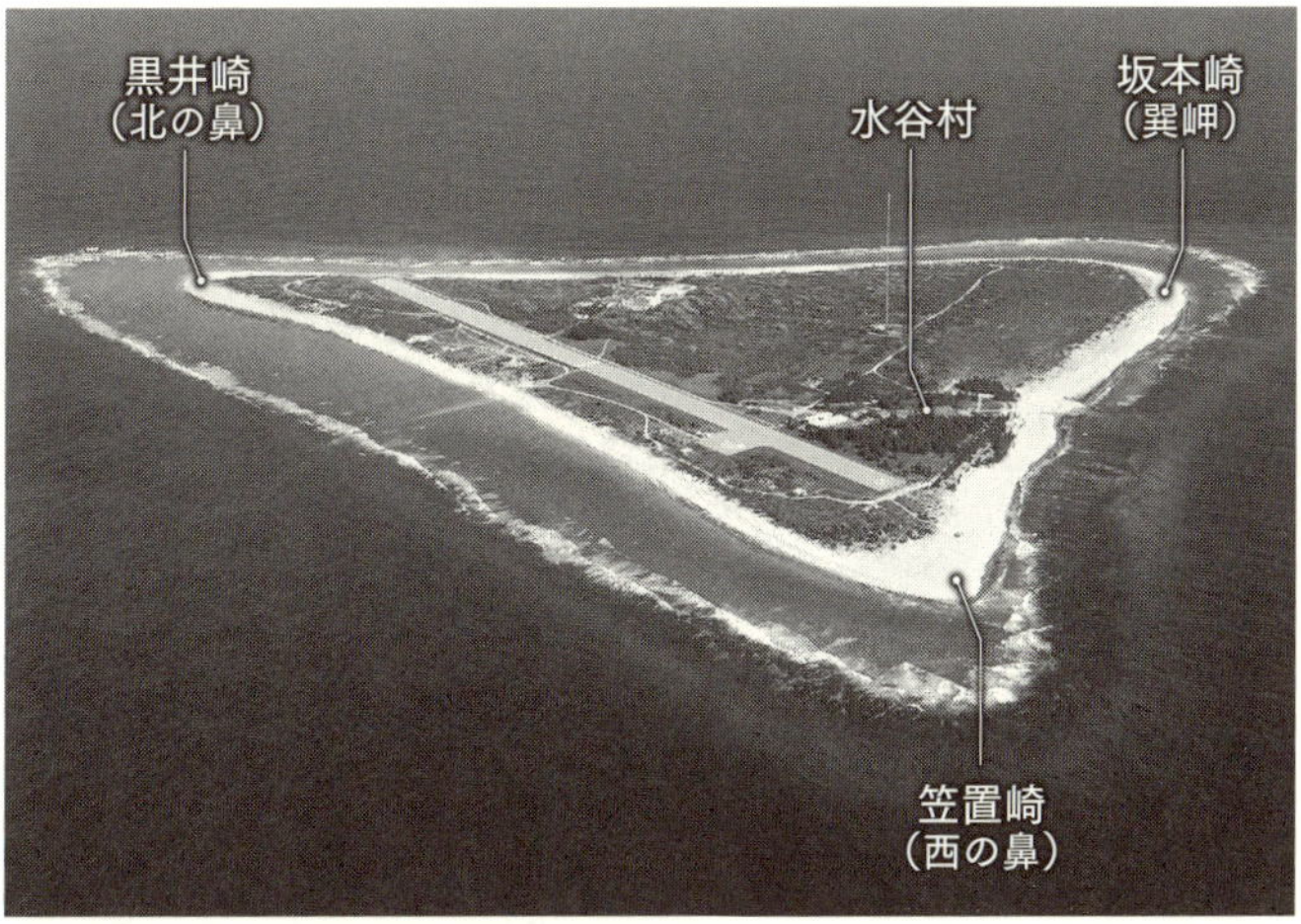

南鳥島は一辺の長さが約２キロメートルの三角形の姿をした平らな島。坂本崎は最東端とも呼ばれている。　写真　朝日新聞社

が、後に大きな鍵となる。

シャツを切り裂いて食べた漂流体験

水谷新六の人生は、何とも波瀾万丈《はらんばんじょう》である。南鳥島の発見後間もなくの明治三十年の夏、生死の境をさまようごとき体験をする。

その年の六月末、南鳥島で捕獲したアホウドリを満載した船（天祐丸《てんゆう》）が、岩礁にぶつかって木端微塵《こっぱみじん》に砕かれてしまったのである。水谷たちは、何とか伝馬船《てんません》で島までもどった。

しかし、この船がなくては二〇〇〇キロの波濤《はとう》を越えて本土に帰ることはできない。島の近くを通りかかる船に救助を期待しても、この位置から南洋の往復汽船のルートは、はるかに遠い。絶海の孤島でしばらく途方に暮れていたが、やがて、船員・人夫がブツブツ不平を鳴らして、水谷を罵《ののし》りはじめた。喧嘩《けんか》に花を咲かすことも珍しくない荒くれ男たちの集団である。「旦那（水谷）を真っ先に殺して、その次はお前だ」などと言い合い、口論が絶えなくなった。

水谷は、何とかしてこの危機を打開するため、決死の覚悟を固めた。島に残った者たちを無事帰国させるためには、救助船を出してもらわねばならない。通信の手段がない以上、自らが海原に漕ぎ出でて救助を頼む以外ない。水谷は、老水夫の弥吉ほか二名の若者を連れて、万一の運は天に在《あ》りとばかりに、無謀にも伝馬船に乗り込んで島を発《た》った。

はじめは一点の曇りもない晴天であったが、空模様が怪しくなり、にわかに暴風雨となった。木の葉の如き小さな船は、波に揺られ、山の上へ押し上げられたかと思うと、たちまち千尋《せんじん》の谷底に落とされたようになる。今にも船が沈んでしまうのではないかという恐怖の連続だった。

雨が止んでも、夜になると冷たい風が吹いて、身体の自由がきかぬほど寒くなる。眠くなっても眠ることができず、不眠不休でオールを漕いだ。のどが渇いても、貴重な清水は

死を決して太平洋をボートで乗切る

冒険家　水谷新六

日本から千二百浬も離れた孤島

「日本少年」第11巻1号P42に掲載された水谷の冒険譚の挿絵（一九一六年）。

石油缶に入れて持ってきただけ。布片に浸してのどを潤す程度で堪え忍んだ。

島を出て一四、五日もすると、食料のビスケットが底をついた。みなただ顔を見合わせてため息ばかり。ついに身につけているシャツを裂いて食べることにした。木綿なら食べられるだろうと考えたという。みな顔は青ざめ、両目はくぼんでドクロのようになり、髭《ひげ》はぼうぼうとのび放題になった。

太平洋の海原に身を任せること二一昼夜、北の方に、雲とも霞ともつかぬ、山陰らしいものが見えた。「山ではないか」と、みな我を忘れて叫びあった。近づくほどに、その輪郭がはっきりしてくる。決して幻ではない。房総半島の山々であった。水谷の漂流した船は、八月はじめ、奇跡的に上総《かずさ》の勝浦《かつうら》沖にたどり着いた。九死に一生を得て、再び内地の土を踏むことができたのである。

ちなみに、この冒険譚《たん》は水谷新六自身が語ったもので、「日本少年」(第十一巻一号「死を決して太平洋をボートで乗切る」) という大正時代の雑誌に掲載されている。

米国人実業家が領有権を主張してきた!

水谷新六の発見した南鳥島が領土編入された四年後、明治三十五年(一九〇二年)七月、この島をめぐって日本政府を震撼《しんかん》させる事件が起こった。

アメリカの実業家ローズ・ヒルという人物が、この島は我々のものであると、その領有権を主張してきたのである。ローズ・ヒルは、明治二十二年(一八八九年)、すでに同島に上陸しアメリカ国旗を立てていた。水谷の発見より七年も前である。しかも、彼はアメリカ国務省に島の経営権を申請し、グアノ採取事業の会社(マーカス・グアノ・カンパニー)を設立していた。グアノとは、海鳥の排せつ物が固化した鳥糞石のことだ。

その後、十数年経って、ようやくアメリカ政府から島への渡航と占領が許可されたロー

「団団珍聞」一三八三号P5に描かれたポンチ絵（風刺を込めた漫画絵）（一九〇二年）。

ズ・ヒルは、水谷ら日本側の占領を知って激怒した。ローズ・ヒル自らがキャプテンとなって遠征隊を組織し、ワーレン号という船にモーゼル銃など多数の武器・弾薬を載せて、七月十一日、ハワイのホノルルを出港、南鳥島に向けて航行を始めた。

出発に際してローズ・ヒルは、「もしも日本人が我々の上陸を拒むときは、我々は米国国旗を先頭に一行みな武器を取って、あくまで強行上陸し、一切の日本人を島外に追い払って目的を遂げるつもりである」と顧問弁護士を通じて、意気込みを発表した。

こうした事情が、「東京朝日新聞」（明治三十五年七月十六日付）などで報道されると、日本国内は大騒ぎとなった。「時事新報」（明治三十五年七月二十四日付）はこの事態を分析して、「如何様《いかよう》なる紛糾を起こすやも知るべからず」と不安をあおった。

慌てたのは日本政府である。判断を誤れば、外交問題となって国際紛争に発展しかねない。日清戦争で獲得した遼東《りょうとう》半島が、ロシア・ドイツ・フランスの強硬な申し入れ（三国干渉）により返還させられた時のことも脳裏をよぎったであろう。

時の外相、小村寿太郎はただちに手を打った。まず、駐米公使高平小五郎《たかひらこごろう》を通じて、南鳥島は日本の領土であるという趣旨の覚書をアメリカ政府に提出。さらに一方で、外交官の石井菊次郎《いしいきくじろう》らを巡洋艦笠置《かさぎ》に乗せて島へ派遣した。領土を確保するためは、海軍の派遣が必要だった。

巡洋艦笠置は、このとき用意できるなかで最も足の速い軍艦で、艦長は航海術にかけては帝国海軍きっての名手と言われた坂本一《さかもとはじめ》大佐だった。笠置は、七月二十六日には無事、島に到着。迫りくるローズ・ヒルの船に先んじて島を確保することに成功した。水谷の工場の労働者たちは、帝国海軍の軍艦到着に歓喜したという。

しかし、島の周囲には、笠置が碇泊できる適当な錨地《びょうち》がなく、座礁の恐れもあった。そこで艦長の坂本大佐は、秋元秀太郎《あきもとひでたろう》海軍中尉ほか一六名の隊員を島に残して、帰還することを決定する。坂本大佐から後を託された秋元中尉は、ローズ・ヒルらアメリカ側の動きに対処すべき指示を受けた。秋元の守備隊は、島の住民たちの協力で仮兵舎を建て、海軍旗と「大日本軍艦笠置派遣南鳥島駐箚《ちゆうさつ》隊」の標柱を立て、アメリカ船ワーレン号の到着に備えた。

国際法「無主地先占」の原則

まさに一触即発の事態が迫っている。南鳥島の領有をめぐる日米の対立はどうなったのだろうか。

アメリカのローズ・ヒルらの乗るワーレン号が島の西岸に現われたのは、七月三十日。交渉を任された秋元中尉は、上陸してきた艦長ローズ・ヒル、アメリカ合衆国農務局のセドウィック、ビショップ博物館のブライアンの三名と面会した。

このとき秋元中尉は、石井菊次郎の覚書と坂本艦長の命令書、さらに駐日アメリカ公使バックの書簡を手渡した。石井の覚書には、南鳥島領有の詳細な経緯と、この島がすでに日本領であることが説かれていた。坂本の書面は、秋元中尉に与えた命令を英文に訳したもので、アメリカ側に対して速やかに島からの退去を要求することなどが記されていた。ローズ・ヒルにとっては、頼みの綱であるはずのバックの書簡すら、日本側との紛争を避け、日米両国の外交交渉に委ねるよう求める内容だった。

落胆したローズ・ヒルは、秋元中尉の許可を得て一週間ほど滞在したが、結局、引き上げざるをえなかった。ハワイに帰港後、納得のいかない彼は、日本政府を相手に、南鳥島の領有権と四〇〇〇万ドルの損害賠償を要求するよう、アメリカ政府に申し立てた。

このニュースはアメリカ国内で大きな反響を呼んだ。しかし、アメリカの新聞論調は、必ずしもローズ・ヒルの立場を擁護するものではなく、むしろ日本側に好意的だった。「ニューヨークサン」(一九〇二年七月二十六日付)紙には「キャプテン・ローズ・ヒルの間違った権利のために、法律を曲解し、世界の国の中で最友好国の一つである日本に損害を与え、その気分を悪くするほど、アメリカは島嶼に事欠いていない」と述べている。アメリカ政府も、この小さな島を獲得する意思はなかったようである。そもそも、ローズ・ヒルの主張には無理があった。

国際法には「無主地先占《むしゅちせんせん》」という原則がある。「無主地先占」とは、どの国の領土にも属さない無主の土地を自国領とする際、その国が他国に先んじて、その土地を実効的に占有していなければならないというものである。この立場から、いち早く国際法的な見解を表明したのは、東京帝国大学の教授、高橋作衛《たかはしさくえ》博士だった。事件発生直後、高橋博士は、大学の「国際法演習」の実例としてこの事件をとりあげ、法科大学の学生に討論させている。この結論をふまえ、博士は次のような主張を新聞に発表した。

　土地の占領は、単にこれを発見したという事実のみで成立するのではない。昔、ポルトガルの学者は発見主義を主張したが、今日では土地の獲得は占領によるのであって、発見によるものではない。すなわち、占領の成立には、①占領の意思　②併領③移住　④占領の継続の四点を必要とする。（中略）したがって、アメリカは日本の領土主権に対し、抗議を申し込むべき法理上の根拠をもっていないのである。（「読売新聞」明治三十五年十月四日付）

　つまり、最初にアメリカ人が島を発見し、国旗を掲げたとしても、そのままでは自国領とするには不十分なのである。アメリカ政府は、公式の領有宣言を怠り、さらにアメリカ人の継続的な定住がなかった。これが致命的な弱点であった。一方、日本側は、政府が自国領と宣言しただけでなく、水谷が正式に島借用の手続きを済ませ、実際に工場で働く日本人を移住させ、占有し続けていた。そのために、日本に「先占」が成り立っていたと解釈できるのである。国際法に配慮した政府の迅速な対応と、それを可能にした水谷の行動力が、アメリカ側につけ入る隙《すき》を与えなかったといえるであろう。

その後も、アメリカから日本政府に対する正式回答はなく、また賠償要求もなく、日本の立場を暗黙裡に承認するような形で、結局、日本が領有することになった。

実のところ、アメリカ政府には、強く主張できない事情があった。一つは、ハワイ付近にあるジョンストン島の領有である。この島は、イギリスの軍艦によって一八〇七年に発見されていたが、アメリカが一八五九年に自国領土に編入している。イギリスの領有宣言もなく、土地の占有もなかったからである。アメリカにとって、この先例とちょうど逆のケースにあたるのが南鳥島の件だった。そのため、日本の主張に正面から反駁《はんばく》できない事情があった。

今ひとつは、ミッドウェー島とウェーク島の領有に関わる問題だった。ミッドウェー島はアメリカによって一八五九年に発見され、一八六七年に領土に編入。ウェーク島は一八九九年にアメリカ領に編入されている。しかし、明治三十年代の初めころまで、この島にアメリカ人はほとんど居住せず、むしろ漂流民など日本人の在島者がいた。アメリカ政府はこの事実を知って憂慮し、島に軍艦を派遣するとともに、駐米公使高平小五郎に日本領有の意思を照会している。日本側に領有の意思はなかったが、アメリカ政府は、この両島に対する日本の出方に大きな関心を持った。もしアメリカが南鳥島の領有に積極的態度に出れば、この二つの島に対する日本政府の方針は大きく変化するのではないか。アメリカは、この点を懸念していたのである。

南洋の重要軍事基地として要塞化

南鳥島の開拓が軌道に乗ったころ、水谷新六は、島の運営を甥の片倉作二郎《かたくらさくじろう》夫妻にゆだね、明治三十年代半ばから、アホウドリなどの鳥類採取事業は、横浜の貿易商・上滝七五郎《うえたきしちごろう》と共同経営の形で取り組むことになった。

海鳥の羽毛は、一羽分わずかに二厘の安い輸出値段であったため、結局期待した利益が上がらなかったが、上滝のアイディアでアホウドリの剝製づくりがはじまり、その値段に四〇銭の卸値がつくと収益が大幅に増加。在島者は、出稼ぎも含めて東京府のほか、神奈川・千葉・静岡・山梨各県の出身者が数十人いた。しかし乱獲のためアホウドリが激減。当初、島を埋め尽くすようにいたはずの海鳥は、「今や島民のいる村付近には飛び交うものさえ稀である」(「時事新報」明治三十五年九月九日付)と報道されるほど減少した。

ところが、明治三十五年(一九〇二年)に来島した農商務省の肥料調査所の技師の吉田《よしだ》弟彦《おとひこ》と、地質調査所の技師の金原信泰《かねはらのぶやす》が島で採取した土砂を分析すると、グアノやリン鉱の採掘が可能であることが分かった。水谷は鳥類事業の収益激減のため、南鳥島からの撤退を考えていたが、この報に接して事業を転換。グアノ、リン鉱の採掘をはじめ、年間に約一〇〇〇トンの産出に成功し、南鳥島は日本で最初のリン鉱採掘の島となった。大正時代になっても、リン鉱の採掘は継続され、島の中央から港までトロッコが敷設されて出稼労働者六〇~七〇名に達した。しかし昭和の初めには、しだいにその産出量も低迷。やがて島の経営は事実上放棄され、労働者たちは島を離れていった。

すでに無人島になっていた南鳥島だったが、昭和十年(一九三五年)から、海軍の手によって気象観測所、さらに軍用飛行場が建設された。アメリカの最前線基地のグアム島まで、わずか一〇〇〇キロの距離であり、対米戦略上、最も重要な軍事基地として、トーチカなどがつくられ要塞化が進められた。大東亜戦争が始まると、島には独立歩兵第一二連隊、海軍警備隊合わせて兵力三七〇〇名、戦車一二台が配備された。サイパン陥落後は、連日、アメリカ軍の空襲にさらされ、陸海軍で七一名の戦死者を出したが、アメリカ軍の上陸はなく、守備隊全員の玉砕は免れた。戦後はアメリカ軍の占領下に置かれ、小笠原諸島とともに日本に返還されたのは、昭和四十三年（一九六八年）のことである。島の中央付近に御影石の「戦没日本人の碑」が建てられ、今も供養されている。

民間人のいない島に滞在する職員たち

現在の南鳥島は、どのような様子なのだろうか。

冒頭でこの島が太平洋に浮かぶ絶海の孤島であると述べたが、島の面積は、わずか一・五一平方キロ。一辺が約一・五キロのきれいな三角形で、標高は最も高いところで一〇メートルもない平べったい島である。気候は亜熱帯に属し、見渡すかぎりのコバルトブルーの海、真っ白な珊瑚砂の渚、椰子の木や甘い香りのパパイヤもあり、まさに南国の楽園だ。

しかし残念ながら、一般の交通手段はなく、通常の旅行はできない。ここは行政上、東京都（東京都小笠原村南鳥島）に属しているが、住民はいないのだ。むろんホテルも民宿もない。島には海上自衛隊の航空派遣隊、気象庁の観測所が置かれ、海上自衛隊員に、気象庁、さらに海上保安庁の職員が約三十数人、交代で駐在しているのみである。一三八〇メートルの飛行滑走路があるが、これは職員の業務や生活の物資を運ぶために、ＹＳ‐11などの自衛隊機が定期的に往復するために使用している。あくまで国土を守るための国境の島なのである。

フォトジャーナリストの山本皓一《やまもとこういち》氏は、次のように言う。

《日本の国境に位置する島で自衛隊が駐屯しているのは、南鳥島だけである。北方領土と竹島は他国に不法占拠され、尖閣諸島や沖ノ鳥島は絶海の孤島で無人島だ。隊員の一人は、「この島を占領したアメリカから平和的に返還されたわけだから、今のところ軍事的な懸念はありません。民間の飛行ルートからは外れているし、船もほとんど見かけません。我々がここにいる理由の一つは『ショーザフラッグ』なんです。南鳥島が日本の領土であることを示すことが重要だと考えています」と胸を張った。（山本皓一『日本人が行けない「日本領土」』）》

多くの日本人にとって南鳥島は、はるか遠く離れた馴染みのない島かもしれない。南国の気候風土なのに観光もできず、住民もおらず、産業もない島。しかし、たとえそうであっても、この島にも水谷新六たちの冒険物語、我が国の領土となるべき来歴があった。この島とともに生き、島を守ってきた先人たちに思いをはせ、駐在する自衛隊員の言った「ショーザフラッグ」のもつ意味を、私たちはしかと考えるときではないだろうか。

〈参考文献〉

長谷川亮一『地図から消えた島々』吉川弘文館　二〇一一年
山本皓一『日本人が行けない「日本領土」』小学館　二〇〇七年
平岡昭利「南鳥島の領有と経営」『歴史地理学』四五-四　二〇〇三年
手塚豊「南鳥島先占前後の一考察」『法学研究』三六-一　一九六三年
竹下源之助「南鳥島占領秘話」『週刊朝日』四四-一一　一九四三年
横山源之助「無人島発見成功者水谷新六君の半生」『商工世界太平洋』九-四　一九一〇年
横山源之助『横山源之助全集』第八巻　二〇〇五年

※引用文については読みやすさを優先して旧仮名遣いを平易な表現に改めた。

第六章　沖ノ鳥島

最南端の小島は日本のダイヤモンド

髙橋智之

沖ノ鳥島はどのようにしてできたのか

日本の一番南にある島を知っているだろうか。沖ノ鳥島である。沖ノ鳥島は、北緯二〇度二五分、東経一三六度五分だ。ハワイとほぼ同じ緯度にあり、日本で唯一熱帯に属する島だ。東京都心から一七四〇キロメートル、沖縄から一一〇〇キロメートル、小笠原諸島父島から九一〇キロメートルも離れたところにある。沖ノ鳥島は、東西四・五キロメートル、南北約一・七キロメートル、周囲が約一一キロメートルのサンゴ礁でできた島である。北小島と東小島と呼ばれる二つの島から構成されている。二つの島をあわせても、広さは畳六畳分しかない。高潮時には、北小島が一六センチメートル、東小島が六センチメートルだけ水面上に頭を出しているとても小さな島である。

しかし、海面からわずかでも顔を出していることがとても重要なのである。その理由は、後ほど説明しよう。

どうしてこんな絶海に沖ノ鳥島ができたのであろうか。実は海底には、九州・パラオ海《かい》嶺《れい》と呼ばれる海底山脈がある。海底山脈は、三〇〇〇キロメートルにおよび、そのほとんどは海に沈んでいる。沖ノ鳥島が唯一海面上に姿を現わしているのである。遠く離れてい

日本の周囲の海底の様子

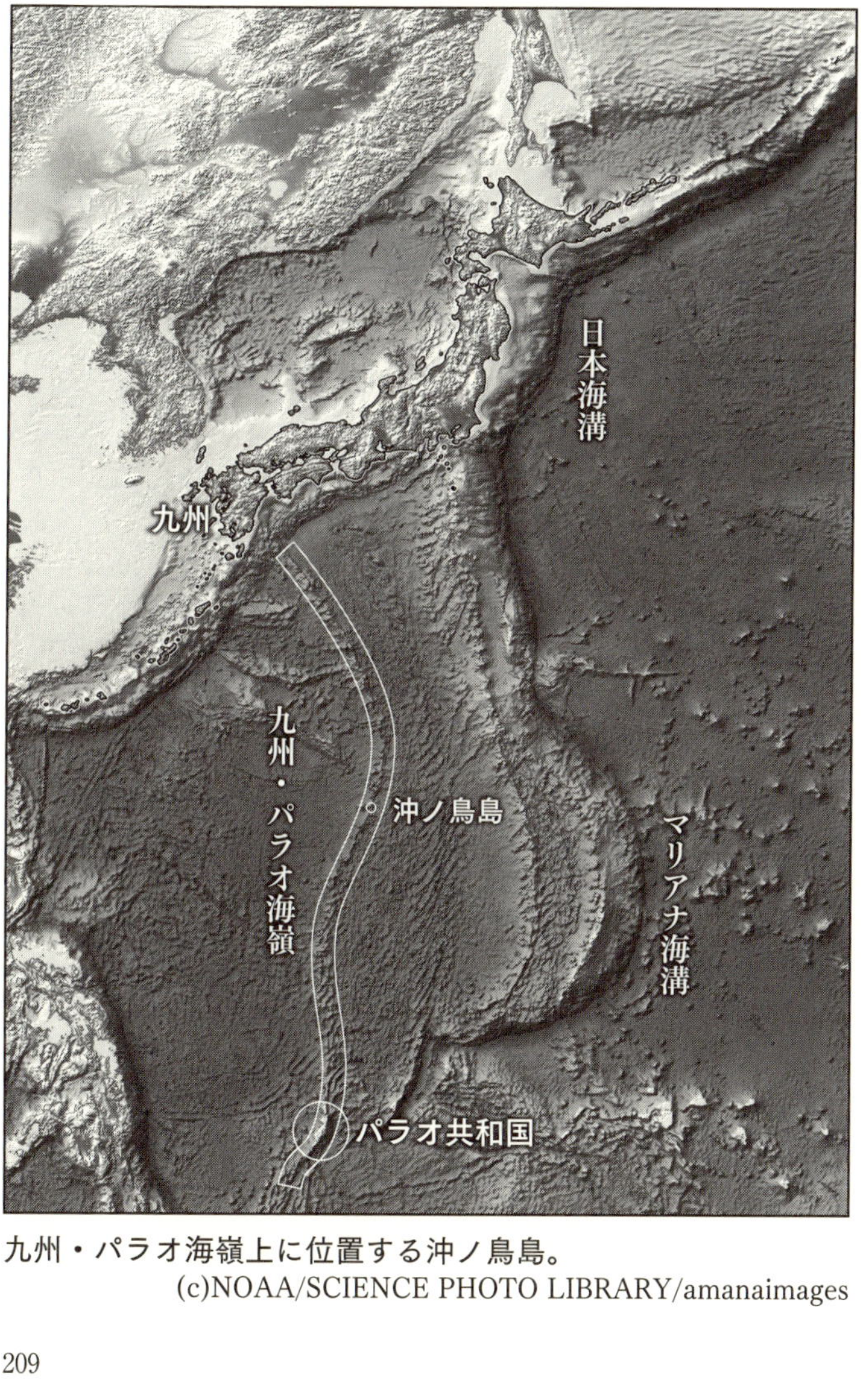

九州・パラオ海嶺上に位置する沖ノ鳥島。
(c)NOAA/SCIENCE PHOTO LIBRARY/amanaimages

ても九州と沖ノ鳥島は海底山脈でつながっているのである。沖ノ鳥島の周りはすぐ深い海になっており、水深が四〇〇〇メートルから七〇〇〇メートルにおよんでいる。沖ノ鳥島は、地質学上、水深約一五〇〇メートルで上下に分かれている。それより下は九州・パラオ海嶺、それより上はサンゴ礁が成長してできた部分になっている。

今から四〇〇〇万年前、九州・パラオ海嶺にそって太平洋プレートが沈み込み火山列島が形成された。その後、太平洋プレートの沈み込む位置が東にずれたため、九州・パラオ海嶺は沈降してしまった。その時に島の周りにできていたサンゴ礁は上へ上へと成長し今の沖ノ鳥島ができたと考えられている。

最南端の小島はこうして日本の領土に編入された

この島は一五四三年、スペインのサンファン号によって発見され、「目を開いて見よ」という意味の「アブレオホス」と名づけられたと言われているが、真偽ははっきりしていない。一五六五年には、スペイン船のサンペドロ号がこの島を再発見した。スペイン人は、この島を「パレセベーラ」と呼んだ。それは、「帆のように見える」という意味であった。

こうしてこの島は、海図にも載るようになった。一六三九年にはオランダ船エンヘルス号により「エンヘルス礁」、一七八九年にイギリス船イフィジェネイア号の船長の名前をとって「ダグラス礁」と呼ばれるようになった。一八九〇年には、イギリス船アンフィヨン号によって測量が行なわれている。この時点において、沖ノ鳥島の領有を宣言している国はなかった。飛行機も無線も発達していない時代に、絶海の孤島である沖ノ鳥島を領有する利点がなかったからだ。

しかし、領有することの利点は、技術の進歩、社会情勢、領域（領土、領空、領海）の概念の変化によって変わるのである。大正時代になると、日本にとって沖ノ鳥島の存在が国益につながると考えられるようになった。一つは、飛行機の技術的な進歩により水上飛行機が登場したことである。沖ノ鳥島は、水上飛行機の基地としての可能性が考えられるようになった。また、日本の勢力範囲が変化したこともその一つである。日本は、第一次世界大戦後の大正十一年（一九二二年）に赤道以北の南洋諸島を委任統治することになった。当時は「陸の満州鉄道」に対して「海の生命線である南洋群島」と言われ、日本国民によく知られていた。その南洋諸島と沖縄の中間あたりに位置する沖ノ鳥島は、日本の安全保障上、および航海の安全上、重要な場所と考えられるようになったのである。

そこで、大正十一年（一九二二年）、大正十四年（一九二五年）に日本の調査船「満州」によって測量が行なわれ、島の現状が明らかになった。昭和六年（一九三一年）五月八日、第二次若槻礼次郎《わかつきれいじろう》内閣のもと、安達謙蔵《あだちけんぞう》内務大臣が「沖ノ鳥島」と名づけ、東京府小笠原支庁の所管とすることを求めた。同年五月十五日、法制局、海軍省、拓務省、内務省、外務省の関係各省の役人による協議会が開かれ、この時点でも他国が領有を宣言していないことが確認された。島の領有を閣議決定した後、同年七月六日、内務省告示一六三号により、正式に、「沖ノ鳥島」と命名され、日本の領土に編入されたのである。

昭和二十年、大東亜戦争の敗戦によって、沖ノ鳥島は一時期アメリカの占領下におかれたが、昭和四十三年に小笠原諸島とともに日本に返還された。以来、現在にいたるまでこの島は日本の領土である。今日、中国政府が第一列島線、第二列島線を主張し、西太平洋を勢力圏におこうとしているが、沖ノ鳥島はその地理的な条件から我が国の安全保障上ますます重要な島となっている。また、沖ノ鳥島の地形から潜水艦基地として活用する可能性や飛行場としてのメガフロート建設など新しい視点からの活用も考えられるようになってきている。

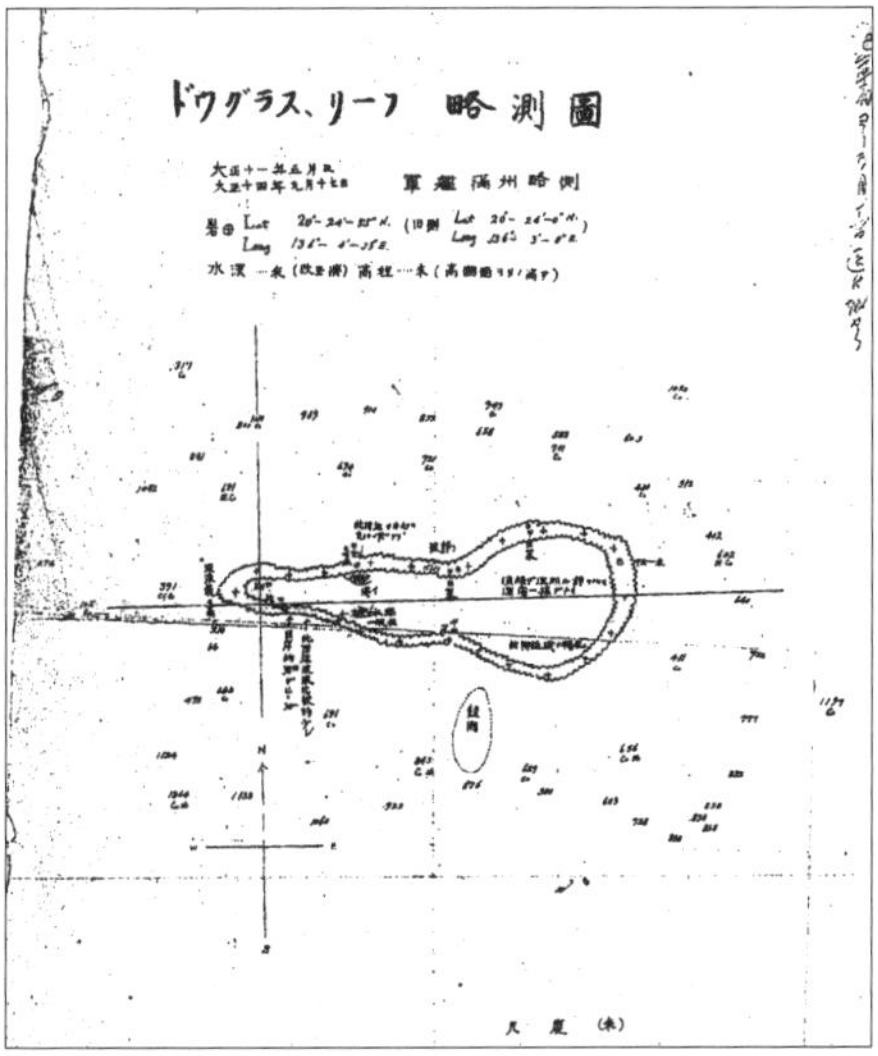

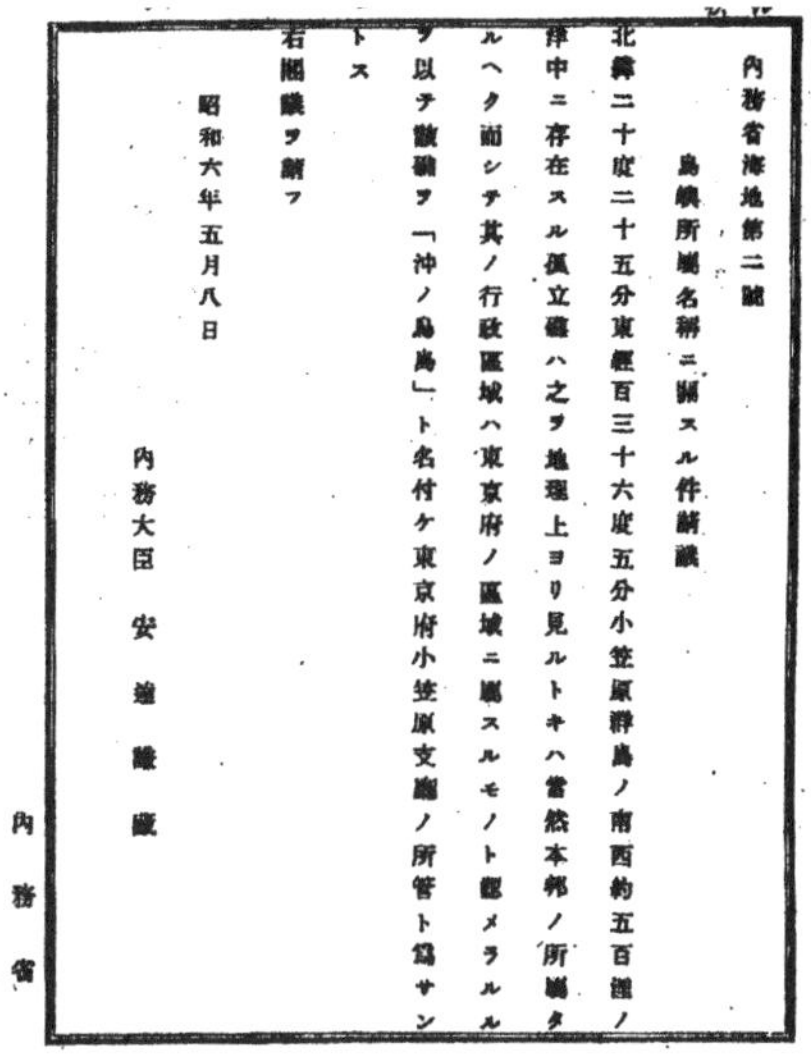

内務省海地第二號

島嶼所屬名稱ニ關スル件請議

北緯二十度二十五分東經百三十六度五分小笠原群島ノ南西約五百浬ノ洋中ニ存在スル孤立礁ハ之ヲ地理上ヨリ見ルトキハ當然本邦ノ所屬タルヘク而シテ其ノ行政區域ハ東京府ノ區域ニ屬スルモノト認メラルルヲ以テ該礁ヲ「沖ノ島島」ト名付ケ東京府小笠原支廳ノ所管ト爲サントス

右閣議ヲ請フ

昭和六年五月八日

内務大臣　安達謙藏

内務省

大正十一年の調査船「満州」による測量図（上）と「沖ノ鳥島」と命名されたときの文書（下）。外務省外交史料館所蔵史料「本邦島嶼領有関係雑件」（一九三一年）より。

※メガフロート――メガ＝巨大、フロート＝浮体を組み合わせた造語であり、従来の船舶より大型の人工浮体構造物のことを指す。水深や土地の形状に関係なく建設ができることや移設が可能であること、環境への影響が少ないなどの利点が沖ノ鳥島のような環境での建設に適していると考えられている。

気象観測所と灯台を設置するという夢

日本本土から遠く離れたこの島は、安全保障上の事柄の他に、日本にとってどのような価値がある島なのであろうか。

日本は台風の被害が大きな国である。沖ノ鳥島は、台風の発生する海域に近く、いくつもの台風が通過する場所である。ここに、気象観測所をつくることができれば台風の情報をいち早く得ることができ、台風の予想進路や天気予報の精度を高めることができる。他にも、灯台を設置することにより、沖ノ鳥島の周辺を通過する船が安全に航行できるようになる。

昭和十四年から十六年にかけて一〇トンのコンクリートを九〇〇個使い、気象観測所と灯台の建設工事がスタートした。当時の金額で五〇〇万円（現在の二〇億円以上）の工事費を投じて行なわれた大工事であった。

『日本土木史』には、大変だった作業の状況が次のように記録されている。

「横浜を出航し、サイパンに寄り、現地到着に約一〇日を要し、これより長きは五〇日にわたり、母船は同島の周囲を潮にただよい、台風に、竜巻にそしてスコールに悩まされながら、水深三〇〇〇メートルのうねりの高い洋上にエンジンのみを頼りに、全員唯一の安住の地として現地にとどまったのである。

資材・職人は内地で調達されたが、人夫は気候風土に慣れたサイパン島民の屈強な男子が採用され、素潜りの卓越した能力と頑健そのものの三人力に等しい労力は工事の推進に高く評価されたという。洋上での方塊《ほうかい》の積みかえ作業は細心の注意をもってしても台船の損傷は避けがたく、生死をかける緊張した場面もたびたび見られた。また、水温二八度以上にもおよぶ南海の潜水作業は、潜水夫に多大な労苦と忍耐を要求したし、裸潜りにとって鋭い毒牙でかみついたら離れぬウツボも恐ろしい大敵であった。（中略）

このような大工事も、第三年目の年に至り、太平洋戦争の勃発によって基礎工事にも慣れ、いまひと息というところで空しく阻まれ、工事放棄のやむなきにいたった。まことに惜しまれる工事であった」

その後、敗戦・アメリカによる占領という混乱期を経ながらも、「沖ノ鳥島に気象観測所と灯台を設置する」という夢は脈々と受け継がれてきた。そして、昭和六十二年に沖ノ鳥島の保全工事とともに気象観測所が設置されたのである。続いて平成十九年には灯台も設置された。工事のスタートからおよそ七〇年。長い年月が過ぎたが、やっと夢をかなえることができたのである。

現在は、国土交通省関東整備局京浜河川事務所の人たちが、コンクリート護岸観測所施設架台、観測機器の保守点検を行なっている。その作業は、現在でもなお大変である。京浜河川事務所の話によると、作業は現地に二週間ほど滞在して行なわれている。早出作業を実施したり、テントを用意したりして工夫をしているが、日陰がない作業は極めて過酷である。暑いので気を引き締めながら作業を行なっている。

また、台風が接近する場合は沖ノ鳥島から離れ、沖合で一週間ほど待機する場合もあり、作業工程の見直しを迫られるときもあるが、限られた時間で最大限の成果が出せるように努力しているのである。

このように沖ノ鳥島は、先人たちの夢と苦労の積み重ねの歴史である。その歴史は現在

干潮時の北小島。　※『日本土木史』［大正元年～昭和十五年］（1965年発行）P453より引用。

も進行中であり、沖ノ鳥島は、多くの人々によって支えられているのである。

コンクリートの囲いで浸食を防ぐ

島と岩の違いは何であろうか。工事前の北小島の写真（上）を見てみよう。これは島だろうか。岩だろうか。国連海洋法条約では、「島とは、自然に形成された陸地であって、水に囲まれ、高潮時においても水面上にあるものをいう」と定義されている。つまり、満潮時でも水没しなければ、大きさに関係なく島といえるのである。したがって、北小島は住所も東京都小笠原村沖ノ鳥島一番地とちゃんと決められている。東小島は、東京都小笠原村沖ノ鳥島一番地である。

それにしても、北小島の形、何か不思議な感じがしないだろうか。下が細くなっていて、今にも折れてしまいそうである。大海原の波の力によって徐々に浸食されたためである。このままの状態では、折れてしまう危険性がある。現に、戦前は六つ島があったようだが、消失してしまい、今は二つの島しか残っていない。

そこで、国により昭和六十二年から北小島、東小島保全の取り組みがスタートした。埋め立て工事によって保全するのではなく、国連海洋法条約の条件を守るように、波による浸食を防いで保全するために、コンクリートで島を取り囲む工事が行なわれた。工事費用は約三〇〇億円と言われている。

遠く離れた沖ノ鳥島に、なぜこれほどの費用を投じて工事を行なう必要があったのか。それは排他的経済水域（ＥＥＺ）の問題である。沖ノ鳥島が島であるということは、沖ノ鳥島を起点として排他的経済水域が認められることを意味している。その面積は日本の国土を上回る約四〇万平方キロメートルである。排他的経済水域とは、国連海洋法条約によって定められている沿岸国の主権的権利がおよぶ水域のことである。沿岸から二〇〇海里（三七〇キロ）以内にある漁業権および鉱物や生物などの資源を調査、開発、保存する権

干潮時の東小島はこのような形をしている（上）。護岸工事で守られている東小島に上陸する調査団（下）。写真　毎日新聞社/PANA

利を持つことができるのである。同時に資源と環境を適切に管理する義務も担っている。

沖ノ鳥島と似たような島は、外国にもある。アメリカの北西ハワイ諸島やフランスのバサ・ダ・インディアという島である。どちらもＥＥＺが設定されている。沖ノ鳥島は日本にとってとても重要な領土と言えるのである。今は、海岸保全地域に指定され、国の直接管理のもとに置かれ、多くの人々によって守られている。

サンゴ礁を再生させて島を再生させる取り組み

現在はこのようにコンクリートで囲んで保全しているが、他に島を保全する手段はないのだろうか。沖ノ鳥島は、もともとサンゴ礁が長い時間をかけて作り上げた島である。サンゴを増やし、サンゴ礁を大きくすることができれば、島は大きくなり、それ自体の再生につながる。

このサンゴを増やす方法には、有性生殖と無性生殖の二つがある。

有性生殖とは、サンゴをタマゴから育てる方法である。沖ノ鳥島のサンゴを沖縄に持ち帰り、水槽のような安全な場所に移す。サンゴの産卵の際はタマゴが着床しやすいように

着床具の上で育つ稚サンゴ。　　　　　写真　毎日新聞社

着床具と言われる基盤をそこに設置する。産卵した卵も同様に水槽のような安全な場所で育て、稚サンゴがある程度大きくなったら、沖ノ鳥島に戻すのである。

無性生殖とは、五～一〇センチメートルぐらいのサンゴを一枝ごとに切ってバラバラにしたものを着床具に固定して大きく育てる方法である。無性生殖では、早く大きく育てることができる良さがあるが、もともと生きていたサンゴを殺してしまうという問題がある。沖ノ鳥島の場合、サンゴの数や種類が限られていることから、今生きているサンゴを残したまま増やすことができる、有性生殖が採用された。この有性生殖によりサンゴをタマゴから群体にまで育てるため、日本で開発された世界初の技術が数多く生かされている。

まず、産卵日を予測し、受精卵を確保する技術。サンゴを増やすには、サンゴの卵子と精子を集めなければならない。一五年間にわたる調査で、サンゴの産卵時期をつきとめることが可能になった。生み出された卵子と精子を直接採集し、人の手でプラヌラ幼生に育てるなどして、たくさんの受精卵を確保することができるようになった。ちなみにプラヌラ幼生とは、受精してから稚サンゴになるまでの間のサンゴのことだ。口も触手も骨もない細長い楕円体の形をしている。技術の向上で海に浮かべた生簀《いけす》や室内の大型の水槽で一度に一〇〇万個体以上のプラヌラ幼生を育てられるようになった。

そして、稚サンゴを育てる技術。プラヌラ幼生は、どんなものにでもくっついてサンゴになるわけではない。着床しやすいように工夫された基盤を使って稚サンゴを育てている。沖縄では、沖ノ鳥島に生息するサンゴの卵を稚サンゴになるまで育てている。

最後に、サンゴの群体を育てる技術。稚サンゴはとても小さいため、まわりに海藻が増えると死んでしまう。そこで、海藻を食べるがサンゴは食べないタカセガイに掃除をしてもらい、稚サンゴを大きく育てることができるようになった。

平成二十年（二〇〇八年）には、稚サンゴを沖ノ鳥島まで運び、移植作業を行なった。また、サンゴのかけらや有孔虫の殻を集めて自然の陸地を作るための研究も進められている。このように、サンゴの再生を助け、自然の島を作ろうとする日本の取り組みは、世界でも最先端の取り組みである。キリバス等のサンゴ礁の国々は、現在地球温暖化が原因と思われる海面上昇のために水没の危機にさらされている。日本の取り組みはそれらの諸国に明るい希望を与えることができるだろう。日本は、同じような問題を抱えている国々の中心となり研究を進めていく必要があるのだ。

沖ノ鳥島にはまだ数多くの潜在能力が秘められている

沖ノ鳥島は、気象観測所としても大切な島と言えるが、この島のもつ潜在能力はそれだけではない。

まずは、漁業資源である。沖ノ鳥島周辺海域は、東京都の調査から、漁場として有望なことが分かってきた。漁業の対象となる魚の稚魚が見つかり、魚たちの「ゆりかご」として機能している可能性が高まってきた。また、小笠原島漁業協同組合によって行なわれた漁業操業では、マグロ類のキハダ、ビンナガ、メバチ、クロマグロが漁獲された。

次に挙げられるのは海底資源である。コバルトやマンガンなどの貴重な海洋鉱物や熱水鉱床が存在する可能性がある。コバルトは陶磁器を青く着色する釉薬《ゆうやく》や蓄電池の材料として、そしてマンガンは、乾電池や薬品の製造、車体鋼板の材料として使われている。熱水鉱床は、火山活動のある海底山脈周辺で、数百度で噴出する高温水の周りで見られるものである。高い水圧のため水が数百度でも液体のまま存在する。噴出口の周囲に熱水からの沈殿物が堆積しており、この中には鉛、亜鉛、金、銀、銅などの金属が含まれていることがある。資源の少ない日本にとって、これから海底資源の開発が期待されている。

三つ目は、海洋温度差発電である。沖ノ鳥島周辺は、すぐに深くなっている。海洋温度差発電とは、深海の冷たい海水と海面近くの温かい海水の温度差を利用して発電する仕組みである。しかも、海洋温度差発電は、真水や水素・リチウムなどを作り出すことができる。技術的な課題はクリアされており、実用段階に入ることが期待されている。

最後に、観光スポットとしての魅力が挙げられる。沖ノ鳥島には手付かずの自然が残っている。実際に沖ノ鳥島を見た人にその魅力を聞いてみると、自然の美しさはもちろん、日本という国の広さを感じることができる場所だと話していた。将来、沖ノ鳥島クルーズが日常的に行なわれるようになるかもしれない。

このような沖ノ鳥島に秘められた可能性を現実のものとするために、日本は平成二十三年、沖ノ鳥島に港湾施設を整備することを決定した。これにより、いろいろな経済活動が効率的に行なわれるようになることが期待されている。

国連海洋法条約には、島について「人間の居住又は独自の経済的生活を維持することのできない岩は、排他的経済水域又は大陸棚を有しない」という別の規定もある。前述した「島とは、自然に形成された陸地であって、水に囲まれ、高潮時においても水面上にあるものをいう」という定義と同時にこのような定義も存在しており、発展途上の条約であるといえる。そうであるならば、沖ノ鳥島の開発と自然環境の維持の両立、さらにそこでの生活や生産活動ができるようにする技術を確立することが必要である。それができれば絶海の孤島では、世界で初めてとなる。日本が世界に先駆けて島の環境保護や利用についてのモデルを示していくチャンスがここにある。

個人で一億円寄付をしたことの価値

沖ノ鳥島のために役立ててほしいと東京都に多額の寄付をした人がいる。坂井溢郎《さかいいつお》氏は、夫婦連名で平成十八年に東京都に一億円を寄付した。平成十九年度の沖ノ鳥島関連の予算が約三億円であるから、とても大きな金額であることが分かる。坂井氏は大正十三年（一九二四年）東京都北区に生まれた。大学で土木工学を学び、卒業後は水産庁に入庁。約三〇年間にわたって漁港建設の仕事に従事してきた。決して資産家ではない彼が、一生懸命働いてこつこつ貯めた一億円。自分のために使っても誰も文句は言わないはずだ。どんな気持ちから一億円を寄付したのだろうか。筆者は全日本漁港建設協会の事務所を訪ねて、坂井氏に話を聞いた。坂井氏は、若い人に託したメッセージを次のように語ってくれた。それを紹介して、本項の締めくくりとしよう。

《一億円を寄付する時に悩まなかったと言えばうそになる。しかし、自分のために使う気にはなれなかった。大東亜戦争では、日本のために多くの仲間が死んでいる。その中でたまたま生き残った自分だけがぜいたくな暮らしをする気にはなれなかった。日本のために役立つことに一億円を使いたいという気持ちは自分にとってはごく普通の考えであった。

何が日本のために役立つことなのか。私は最初から「天下国家のため」を考えて寄付したわけではなかった。自分の仕事柄、海や島に関連したことについて耳にすることも多く、また、海や島に関連した人間関係が自然にできあがっていた。そんな環境の中で、聞こえてきたのは「沖ノ鳥島をなんとかしたい」という声であった。それが、東京都への寄付につながった。何も難しく考える必要はないのである。日本のために何か自分も役立ちたいという気持ちで周りを見渡せば、おのずと自分の進む道は見えてくる。

一億円をもとに、沖ノ鳥島ＰＲのためのＤＶＤを作成し、全国の図書館に寄贈したり、沖ノ鳥島の研究について報告する「沖ノ鳥島フォーラム」の開催などの活動が行なわれている。世間の関心が少しずつ沖ノ鳥島に向けられるようになってきた。しかし、まだ十分とはいえない。自分の人生で何が残るのか。後藤新平《ごとうしんぺい》の言葉に、「金を残すは下、仕事を残すは中、人を残すは上」というものがある。日本の皆さんが、沖ノ鳥島に関心を持ち、日本の領土として守っていくんだという強い気持ちになってくれるならば、それは一億円以上の価値があることだと思っている。領土を守るのは、何も自衛隊だけではない。「寸土でも失ってはいけない」という国民一人一人の自覚が何よりも大切である。そうなってくれることが私の願いでもある》

沖ノ鳥島は日本のダイヤモンドである。磨けば光る夢の原石である。絶海の孤島でまったく汚れていない海は貴重で有益な海域環境であり、人工衛星の宇宙空間で実験をするのと同じようにたくさんの可能性を秘めている。この海域環境を維持管理する日本の技術力、自然環境に対する考え方は、世界の手本になるすばらしいものである。沖ノ鳥島の可能性を開花させるのは、日本人だという気概を持ってほしいと思う。日本人は自信を持って前に進んでほしい。

第六章　沖ノ鳥島　最南端の小島は日本のダイヤモンド

〈参考文献〉

外務省外交史料館所蔵本邦島嶼領有関係雑件　一九三一年
『台風の入り口沖の鳥島に警報測候所を設けよう』（山賀守治論文）実業展望社　一九五五年
日本土木史編集委員会『日本土木史（大正元年〜昭和一五年）』土木学会　一九六五年
山田吉彦『日本の国境』新潮社（新潮新書）二〇〇五年
山田吉彦『日本は世界4位の海洋大国』講談社（講談社＋α新書）二〇一〇年
山田吉彦『日本国境戦争』ソフトバンク クリエイティブ（ソフトバンク新書）二〇一一年
小林よしのり編集『わしズム（二〇〇八年春号）』小学館　二〇〇八年
東京都企画　毎日映画社製作『沖の鳥島ＤＶＤ映像ライブラリー』二〇〇八年

第七章　尖閣諸島

古賀辰四郎が追いかけた鳥と夢

飯嶋七《な》生《お》

「中華の界」と「琉球の界」に挟まれた無人島

尖閣諸島とは五つの島と三つの岩礁の総称である。最も大きい島が魚釣島《うおつりしま》で、次いで久《く》場島《ばしま》、大正島《たいしょうとう》、南小島《みなみこじま》、北小島《きた》。岩礁には沖の北岩、沖の南岩、飛瀬《とびせ》の名が付いている。

島の住所は以下の通り（カッコ内は面積）。魚釣島（三八二万平方メートル）＝石垣市登野《との》城《しろ》二三九二番地。南小島（三二万平方メートル）＝同二三九〇番地。北小島（二五万平方メートル）＝同二三九一番地。久場島（八七万平方メートル）＝同二三九三番地。大正島（四万平方メートル）＝同二三九四番地。魚釣島は沖縄本島から四一〇キロメートル、石垣島から一七〇キロメートルの距離にあり、海上保安庁の巡視船「よなくに」なら石垣島を出航後、三時間程度で到着する。

この島々の周辺海域は潮の流れが速く波も荒い。しかも近海には危険なサメがいるとあって、人間がこの島々に上陸し、また生活を営むようになったのは、およそ百数十年前のことである。

一八三七年、イギリス海軍のライラ号、一八四五年にはサマラン号が島々に来航し、安政六年（一八五九年）には、日本からも役人が調査にやってきた。尖閣諸島という名称

尖閣諸島と中国・台湾の距離

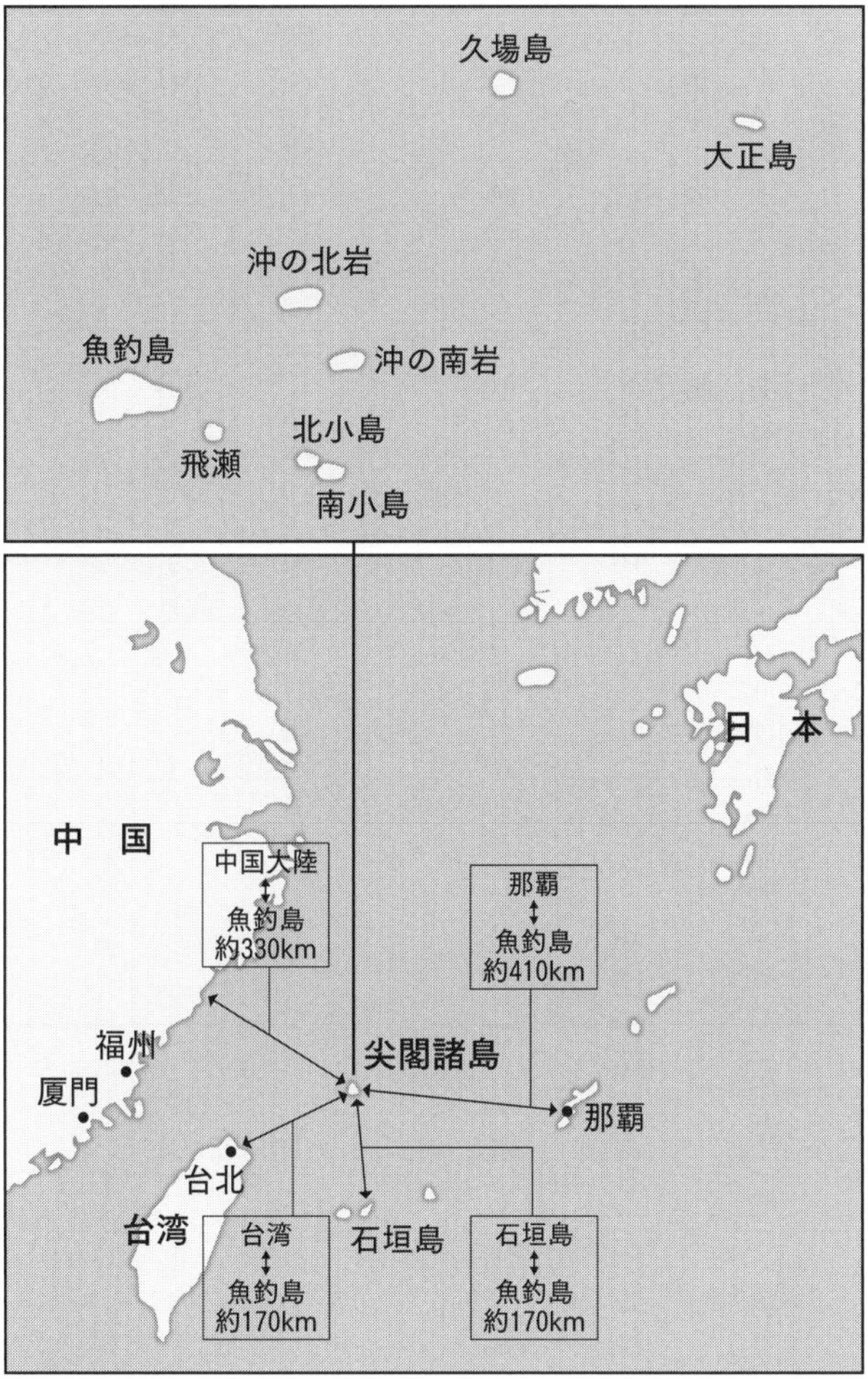

尖閣諸島のうち久場島と大正島はアメリカ軍が射爆演習場として使用。

は、イギリス海軍の航海図に記載されたピナクル・アイランズ（尖塔島）を和訳したという説が有力だ。

上空から鳥瞰《ちょうかん》する人工衛星もなく、未知の空間が残されていた時代、あるいは国際法の整う近代以前においては、必ずしも地球上のすべての地がどこかの国に属していたわけではない。上陸すら困難な尖閣諸島も、航路標識として海図に記載されてはいたが、いずれの国にも領有されたことのない「無主」の地のひとつだった。

それは、こんな史料からも分かる。

一八〇八年、清国の役人、齊鯤《さいこん》は、中国福州を出航して琉球に赴く途上、目にした風景を多くの詩に詠み込んでいた。台湾付近を通りかかったときには、台湾の北端、鶏籠山《けいろうざん》を題材にした歌で、ここを「中華の界」（清国の境界）とし、船が徐々に東に向かい、久米島に至ると「姑米山（久米島）」を詠みつつ、ここから「琉球の界に入る」と記している（齊鯤『東瀛百詠』「航海八咏」）。

鶏籠山と久米島の間にある島々、すなわち現在の尖閣諸島は、中華（清）、琉球にとって境界（国境）の外と認識される島嶼群だった。

＊『欽定古今図書集成』（一七二八年）、『大清一統志』（一七四三年）でも、鶏籠城を台湾府の北限としている。中華民国時代に編纂された『皇朝続文献通考』（一九一二年）、『清史稿』（一九二七年）でも同様で、明から清、中華民国時代にいたっても、尖閣諸島が台湾に属したことはない（下條正男「『尖閣は明代から中国領』の真っ赤な嘘」「正論」二〇一二年五月号）。

あえて言うなら、この島の〝主〟は、いずれの国の人間でもなく、自然界の生きものたちだった。

センカクモグラ、センカクサワガニ、ウオツリナガキマワリなど他には見られない多数の日本固有種が存在していることが、自然保護の観点から尖閣諸島の保全を訴える「センカクモグラを守る会」（野口健《のぐちけん》代表）によって明らかにされ、国民の関心を集めている。

だが、何より、尖閣諸島を語るのに欠かすことのできない〝主〟がいる。世界最大級の海鳥アホウドリである。この島々が、日本の領土となったのは、ここにアホウドリが存在したからだと言っても過言ではない。

日本人は、この海鳥をアホウドリ、バカドリなど、はなはだ失敬な名で呼んでいるが、古くは美しく大きな鳥という意味で「沖《おき》の大夫《たゆう》」と呼んでいたこともあった。現在、鳥類研究者から、馬鹿や阿呆といった蔑称はふさわしくないので改称すべきとの意見が出されており、心より賛意を表したい。しかし残念ながら、新しい名称はいまだ浸透しておらず、大変、申し訳ないが、ここではアホウドリとして話を進めよう。

十九世紀に巻き起こったバード・ラッシュ

アホウドリを追い、彼らに代わって新たな尖閣諸島の〝主〟となったのは、古賀辰四郎《こがたつしろう》という男である。

「辰四郎の目的は『鳥』だったようです。当時、尖閣の島々はセグロアジサシ、オオミズナギドリ（カツオドリ）、アホウドリの宝庫でした」

古賀辰四郎の息子、善次《ぜんじ》は、父の尖閣諸島探検の動機について、そう語っている（「世界画報」一九七七年十月号）。探検の目的が「鳥」とはどういうことだろうか。辰四郎の生きた時代を振り返ってみよう。

十九世紀に入る頃、日本近海には、欧米の船が次々と姿を見せはじめ、泰平の眠りから

前列中央の帽子をかぶった人物が古賀辰四郎。
写真提供　古賀花子氏／朝日新聞社

目覚めた人々のあいだに海外への関心が徐々に高まりつつあった。巨大な軍艦、見慣れない姿の人々や文化が報じられるにしたがって、列強による侵略を怖れる者、海の向こうの広い世界に憧《あこが》れる者、商売の好機とみる者など、さまざまな反応が現われてくる。

やがて各国と通商条約を結んだ日本は、明治という新しい時代を迎え、近代国家として国際社会の荒波に漕ぎ出すことになった。

時代の風に敏感な若者は、みずからの力で事業を興し、商売を始め、失敗して一文無しになっては、再チャレンジして巨財を築く。明治維新期の若い活力があちこちで芽吹き始めていた。

そんなとき、ゴールド・ラッシュならぬ、バード・ラッシュが起こったのである。

＊十九世紀、アメリカのカリフォルニアで金鉱脈が発見され、一攫千金を狙った人々が殺到した現象を「ゴールド・ラッシュ」というが、近年、研究者の間では海鳥の糞の化石が良質な肥料（グアノ＝鳥糞石）として取引されるや、アメリカ人が大挙して太平洋の島々に乗り出した現象を「グアノ・ラッシュ」、日本人がアホウドリを追いかけた現象を「バード・ラッシュ」と呼ぶ（平岡昭利「明治末期 北西ハワイ諸島における日本

人による鳥類密猟事件―バード・ラッシュの一コマ―」『下関市立大学論集』第五一巻二〇〇八／同「アホウドリと『帝国』日本の拡大」『地理空間』一巻一号　二〇〇八）。

南の島に住む海鳥の羽毛は、欧米人が高く買ってくれるらしい――。

それは高級羽毛布団の材料や、ヨーロッパ婦人の帽子飾りにもされるそうだ――。

元手も必要ない。身ひとつで無人島に行って、鳥を捕まえて羽をむしれば、一気に大金を稼げるではないか――。

たとえば、伊豆諸島のひとつ、その名も「鳥島」を拠点に莫大な財産を築いた男がいる。明治の立志伝中に名を残す玉置半右衛門《たまきはんえもん》だ。彼は、ジョン万次郎から海上を漂流したときの体験を聞き、アホウドリが群生する島の存在を知ったといわれる。玉置はアホウドリの羽毛を大量に輸出して、たちまち、日本中で知らぬ者はない大富豪となった。

一攫千金を夢見た日本人は、われ先にアホウドリを求めて、明治三十年頃には、はるかミッドウェー島、北西ハワイ諸島にまで、その姿を追いかけていったという。

南の島は宝の山だ――。

活気に満ちた日本人の熱い視線は、広く東南アジアや南太平洋の島々に向けられた。朝野あげての無人島探検ブームが巻き起こり、また、一旗揚げるために、南洋に移住する者も続出した。

＊『のらくろ』と人気を二分した昭和の大ヒット漫画『冒険ダン吉』のモデル森小弁《もりこべん》が、南洋のトラック諸島に渡り、大活躍したのも、こうした南洋熱の一形態である。ちなみに、現在のミクロネシア連邦大統領マニー・モリは森小弁の曾孫。

古賀辰四郎も、そういう時代の申し子だった。

辰四郎が故郷の福岡県から新天地沖縄にやってきたのは、明治十二年（一八七九年）。当時二三歳、古賀青年の第一歩である。辰四郎にはよく〝進取の気性に富んだ〟という形容がなされるが、沖縄県で初めて燕尾服を着用したことでも知られており、なかなかの洒落者《しやれ》だったようだ。

辰四郎には二人の兄がおり、すでに大阪で古賀商店という会社を営んでいたが、辰四郎も那覇に同名の古賀商店を開業する。彼が沖縄で最初に手がけた事業は、高級ボタンの材料となるヤコウガイを買い入れ、兄の会社を通じて、欧米に輸出することだった。時は文明開化、ちょうど日本人の装いが和服から洋服に変化する時期にあたり、国内でもボタンの需要が急増、この商売は大成功をおさめた。

それまでも琉球の人々はヤコウガイを螺鈿《らでん》細工の材料にしたり、食用にもしてきたが、海岸沿いには食べた後の貝殻が多く捨てられていたという。辰四郎がこのヤコウガイの商品価値を地元の海人《うみんちゅ》に説くと、海人は競って大量のヤコウガイを採集、辰四郎はそれを買い上げて、沖縄の目玉産業のひとつに押し上げた。

来県からわずか三年後、明治十五年（一八八二年）には、石垣島に古賀商店の八重山支店を置いている。なぜなら、仕事熱心な海人らによって沖縄近海のヤコウガイが採り尽くされてしまい、海人は貝の居場所を求めて、石垣島、果ては周辺の無人島にまで進出していったからである。そんな彼らの間で語られ始めたのが、あのアホウドリたちの島、つまり尖閣諸島の噂だった。

「鳥の多い面白い島があって、漁に出た若者が、魚を捕るのを忘れて鳥を追っていた」

「足の踏み場もないほどのたくさんの鳥がいた」

これを聞いた辰四郎はすぐに動き出した。彼もバード・ラッシュに身を投じたのである。

尖閣諸島、日本の領土に編入される

古賀辰四郎から無人島の噂を聞かされた沖縄県令、西村捨三《にしむらすてぞう》は、明治十八年（一八八五年）、「沖縄県と清国福州との間に散在する無人島」すなわち尖閣諸島の調査を命じた。日本政府も島の帰属問題が国際紛争の種になることを懸念し、他国がすでに領有していないか、イギリス海軍の報告書を調べたり、調査船を派遣して綿密に検討させている。その結果、「宮古八重山等の群島に近接したる無人の島嶼」は、かつて人が住んでいた形跡もなく、どの国にも所属していないことが確認できた。

しかしながら、外務省では、〝眠れる獅子〟清を刺激するのではないか、と心配する声があがり、島の領有宣言は棚上げされた。今も昔も変わらぬ外務省の事なかれ主義ともいえようが、この頃の清国は強大な軍事力を備えた大国であり、日本側が脅威を感じていたのも無理はなかった。

アヘン戦争の敗北で、ヨーロッパの圧倒的な軍事技術の優位を知った清国は、次々に欧米の軍事技術や兵器を導入。当時、東洋一といわれた北洋艦隊を誇っており、日本のことを「貧国」「弱国」と見下す声が聞かれるほど、彼我《ひが》の差は歴然としていた。発足間もない日本政府としては、よく分からない無人島のために清国と摩擦を生じさせる危険性を排除したかったのである。

だが、危機は意外に早く、しかも向こうからやってきた。

翌年、清国の北洋艦隊を率いる李鴻章《りこうしよう》が、「我が中国海軍の勢威を日本に観せて、之《これ》を慴伏《しようふく》させよ」と、ドイツ製の最新鋭戦艦と巡洋甲鉄艦など四隻を、予告なく長崎に入港させ、軍事的デモンストレーションを行なったのである。

さらに、上陸した水兵が市街地で暴行したのを日本の警察官が逮捕すると、清国側水兵に死傷者が出たとして、警察官が処罰されるという、両国の力関係が露呈する始末だった（長崎港清艦水兵喧闘事件）。

外務省はあいまいな態度をとりつづけていたが、尖閣諸島海域には、続々と海人が出漁している。沖縄県知事は、水産取り締まりの必要性にせまられ、島々を八重山島役所の所轄に定め、沖縄県領域である旨の国標を設置して欲しいと、政府に上申を重ねた。

そして、ようやく、明治二十八年（一八九五年）一月十四日の閣議で、尖閣諸島の日本領有を正式に決定、同島に国標の設置を指示する。この前年には、おそれていた清国との戦争もすでに始まってしまい、もはや清国の顔色を窺う必要がなくなったことも政府を後押しただろう。

この日を待っていた辰四郎は、時をおかず、尖閣諸島の開拓許可を得るため、「官有地拝借御願」を提出した。そこには、彼の島嶼開拓にかける想いが語られている。

《日本国は、大洋の中に国を形成する国柄であるにもかかわらず、水産業があまりふるわないのを憂慮しています。そこで、私みずから出帆し、明治十二年から海産物の探検を始め、沖縄に移住しました。さらに海産事業を拡張するため、常に魚介の群れが行き来する無人島に人を送り、食糧の確保に努めた上で開拓を進めました。

また、明治十八年、八重山島の北方九〇海里の久場島に上陸し、俗にバカドリと名のる鳥が群集しているのを発見しました。

バカドリの羽毛は欧米人がたいそう珍重するものと聞き及び、試しに数羽を射殺し、商品見本としてその羽毛をヨーロッパ諸国に輸送してみたところ、すこぶる好評を得て、追加の注文を受けました。やはり、羽毛は、海外輸出品として非常に価値のあるものと確信したところです。私は、バカドリの羽毛輸出営業の目的をもって、長い間、久場島全島の拝借を願い出ておりましたが、この島がいまだ我が国の所属かどうか判明していないとのことで、せっかくの希望を今日まで抑制しておりました。
このたび、我が国の所属と確定したのを契機に、私の多年の願望を聞き届け、久場島を拝借させて下さいますようお願いします》（原文は候文、口語訳は筆者による）

明治二十九年（一八九六年）、日本政府は辰四郎に、魚釣島、久場島、南小島、北小島の貸与を許可。いよいよ本格的に尖閣諸島開拓が始められた。

古賀商店の開拓とアホウドリの悲劇

辰四郎は、魚釣島と久場島に、従業員が住むための家屋や貯水施設、排水溝をつくるとともに、船着き場、桟橋、工場などを次々に建設し、古賀村と呼ばれる集落も形成されていった。また、居住者の食料として、穀物、甘蔗《かんしょ》、野菜類を栽培し、開墾、牧畜などもすすめ、明治四十年代には二四八名（九九戸）の住民が生活していたという。

ちなみに、尖閣諸島のうち、真水が飲めるのは魚釣島のみで、久場島では雨水を溜めたり、小舟で魚釣島まで水汲みに行かなくてはならなかったので、一番大きい魚釣島が古賀商店の本拠地とされた。

渡島した辰四郎は、早速、アホウドリの羽毛採取に着手した（前掲「官有地拝借御願」によれば、辰四郎は「バカドリ」と呼んでいたようだ。同文書で「バカドリと名のる」と言っているが、鳥がみずからそのように名のるはずはない）。

アホウドリは、噂どおり、警戒心がなく、人間に近寄っては素手で捕まったり、棒で殴られたりして簡単に捕獲された。一人あたり一日三〇〇羽を捕まえたという話もあり、まったく、その警戒心のなさには同情を禁じ得ない。そればかりか、渡り鳥の特性上、飛翔力は並はずれているが、大きな体で飛び立つのにかなりの助走が必要なため、陸地では非常に動きが鈍い。それゆえに、アホウドリ、バカドリと呼ばれるようになってしまった。食用にするにはそれほど美味《おい》しくなかったらしいが、彼らの羽毛は古賀商店の初期の売り上げにおおいに貢献した。

さらに日露戦争前夜という時期も影響しただろう、寒冷地での戦争に備えて、アホウドリの羽毛は温かい防寒服用にも加工され、莫大な利益の源となった。かくして、日露戦争開始の明治三十七年（一九〇四年）からの三年間だけで、九五万羽が出荷されていく。アホウドリは、あの酷寒の広野で戦った兵隊たちを温めた陰の功労者である。

南小島に乱舞する海鳥の群れ。写真提供　古賀花子氏／朝日新聞社

時代を考えれば、やむを得ないといえようが、こうした乱獲によって、アホウドリはまもなく島から姿を消した。

こうして、辰四郎は羽毛採取を主体にした事業からの転換を余儀なくされる。だが、彼は次の一手を考えていた。明治三十八年（一九〇五年）、アホウドリで稼いだ資金を元手に漁船を建造し、熟練のカツオブシ職人を雇用するなど、カツオブシの製造、魚肉の缶詰加工に軸足を移していく。また、昔から顔なじみだった御木本幸吉《みきもとこうきち》（のちの「世界の真珠王」、ミキモトブランドの創業者）と共同で真珠の養殖事業を手がけており、その意欲は衰えることを知らない。

明治四十二年（一九〇九年）、古賀辰四郎に「公共の利益を興し、成績著名なる者、または公同の事務に勤勉し労効顕著なる者」に贈られる藍綬褒章《らんじゅほうしょう》が授与された。以下はその褒状《ほうじょう》である。

《古賀辰四郎

安政三年一月十八日生

辰四郎は福岡県の産まれにして、性質温良・海事思想に富み、産業の経営着実なり。

カツオブシを干している風景。そのころカツオは沿岸でも手づかみできたという。写真提供　古賀花子氏／朝日新聞社

沖縄県下の各群島には、必ずや、幾多有用の海産物の蔵蓄あるべきを想い、興業の意を決し、明治十二年、同島に至り、那覇に本店を構え殖産業に従事し、爾来、三十余年間幾多の辛酸を嘗め、難苦と闘い、鋭意、海産物の捕獲輸出を経営し、又、沖縄本島と清国福州との航路の中央に散在する尖閣列島を探検し、之が開拓の認可を得、識者に謀《はか》り、永住的諸設備を施し移住民を勧奨して、水禽《すいきん》の剝製・鳥毛の採収肥料の製造等多方面の事業を経営し、奮闘努力その発展を図り、殊《こと》に海産物の捕獲、及び之が利用方法に関し、漁民に与える利益は甚《はなは》だ大にして、延《ひい》て一般水産業の進歩を来たし、同県に於ける斯業《しぎょう》をして、能《よ》く今日の隆盛を達しめたるもの、本人の熟識与えて大に力あり》

海産物の輸出や水禽の採取、肥料の製造は当然としても、ここで「沖縄本島と清国福州との航路の中央に散在する尖閣列島を探検」と明記されたこと、すなわち、名実ともに尖閣諸島の開拓者と称されたことは、辰四郎にとって名誉であるばかりか、現在の日本国民にとっても、大きな歴史的遺産となった。大正七年（一九一八年）、古賀辰四郎は、息子の善次に尖閣諸島の経営を託して息を引き取る。近代国家の誕生とともに駆けぬけた六二年の人生だった。

魚釣島、南小島、北小島、久場島が古賀家の私有地となる

大正八年（一九一九年）十二月三十日、古賀善次の住む魚釣島は早朝から騒然となった。中国福建省から総勢三一名を乗せて出航した漁船が暴風雨に襲われ座礁しているのが発見されたのだ。善次をはじめ従業員たちは悪天候と高波に阻まれながら、遭難者の救助に向かった。海上で漂流していた中国人船員たちは体力を消耗《しょうもう》している。善次はカツオブシ工場の倉庫を開放し、食料や衣服を与えて手厚く保護し、全員を石垣島まで送り届けたという。

年が明けた大正九年（一九二〇年）一月二十一日、三一名の遭難者は無事に石垣島を発って故国への帰路についた。この好意に対して、中華民国長崎領事から、古賀善次をはじめ石垣村長、助役など七人に感謝状が贈られている。

現在、中国および台湾が尖閣諸島の領有権を主張しているが、中華民国からの正式な書状に「日本帝国沖縄縣八重山郡尖閣列島内」と明記されていることに注意したい。

昭和七年（一九三二年）、古賀親子の長年にわたる功績が認められ、魚釣島、南小島、北小島、久場島の四島の払い下げが決まり、島々は古賀善次の私有地となった。

だが戦争の影響で、漁船を動かす石油が入手しづらくなると、善次は、昭和十五年(一九四〇年)、尖閣諸島での営業を撤収し、カツオブシ工場を石垣島に移した。こうして、古賀親子が心血を注いで築き上げた島は、もとの無人島となったのである。

しかし、もとのように「無主」の地となったわけではない。

この島々が古賀家の所有地であることに変わりはなく、その証拠に、古賀家は戦後も島の固定資産税を払い続けていた。

サンフランシスコ条約締結後、アメリカは沖縄の占領統治を継続、尖閣諸島は「群島政府組織法」により、八重山群島に包括され、まぎれもなく沖縄県の一部として琉球政府の管轄下におかれた。さらに、久場島と大正島はアメリカ軍の爆撃演習場として使われていたが、アメリカは久場島の所有者である古賀家に賃借料を支払い続けていたのだ。

昭和四十七年(一九七二年)、古賀善次は雑誌のインタビューを受け、貴重な証言を残している。

《尖閣列島が私個人の所有になったのは昭和七年からですが、そもそも尖閣列島は私のおやじが探険し、明治政府から使用権を受けていたものなんです。それはもうはっきりして

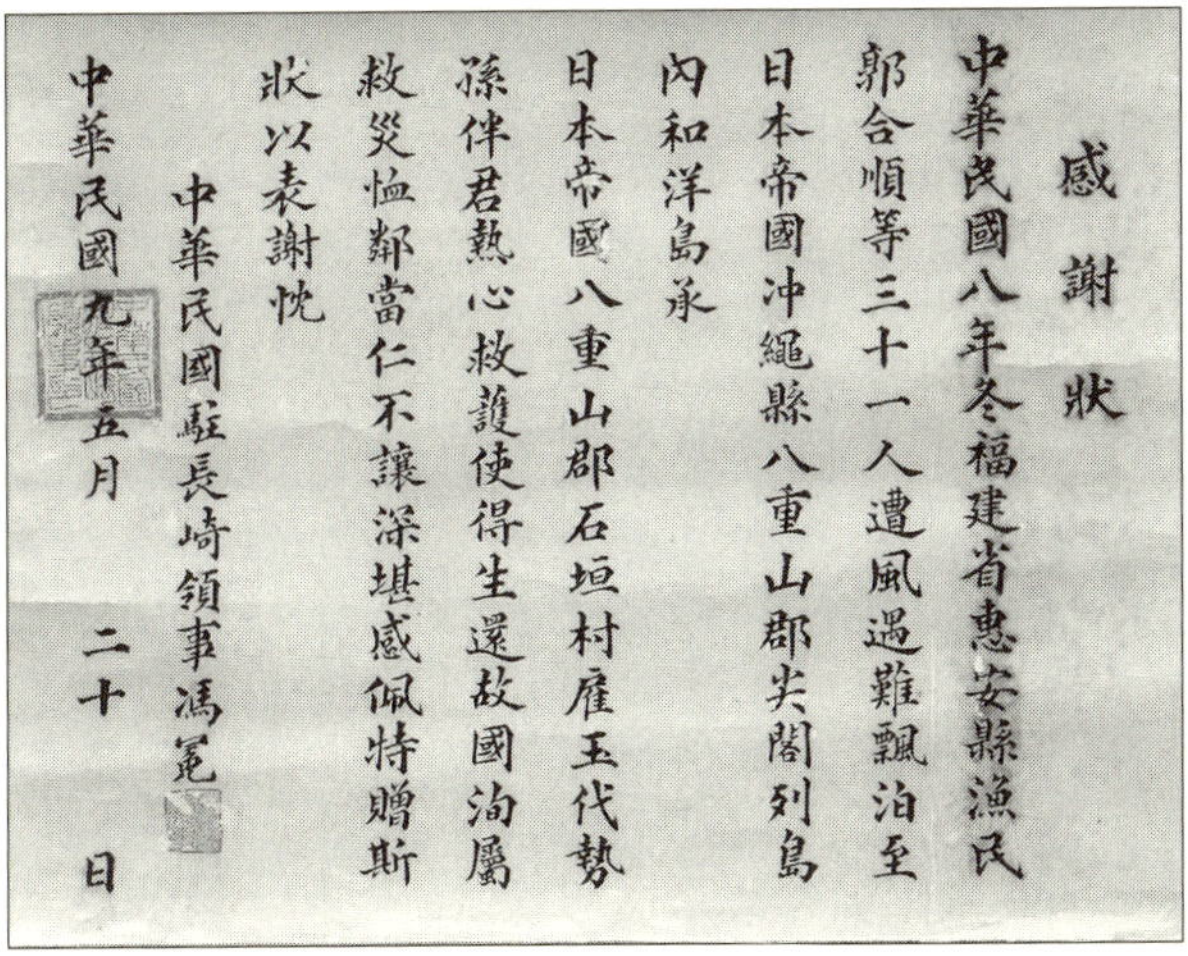

感謝狀

中華民國八年冬福建省恵安縣漁民郭合順等三十一人遭風遇難飄泊至日本帝國沖繩縣八重山郡尖閣列島内和洋島承日本帝國八重山郡石垣村雇玉代勢孫伴君熱心救護使得生還故國洵屬救災恤鄰當仁不讓深堪感佩特贈斯狀以表謝忱

中華民國駐長崎領事馮冕

中華民國九年五月二十日

石垣村助役、玉代勢《たまよせ》氏に贈られた感謝状（石垣市立八重山博物館所蔵）。

感謝状

中華民国八年冬、福建省恵安県の漁民である郭合順《かくごうじゅん》ら三一人が暴風のために遭難、漂流し、日本帝国沖縄縣八重山郡尖閣列島内の和洋島（魚釣島の別名）に漂着。日本帝国八重山郡石垣村助役、玉代勢《たまよせ》孫伴《そんばん》君は親切に救護し、故国に生還させてくれた。これに深く感服し、この書状の贈呈をもって感謝の気持ちを表すこととする。

中華民国駐長崎領事　馮冕《ひょうめん》

中華民国九年　五月二十日

おります。

（中略）

おやじが探険してから九十年近く、私が払い下げを受けてから四十年にもなります。にもかかわらず中国が何かいい始めたのは、やっとここ二、三年のことじゃないですか。何をいっているんですかねえ。

戦後、私の所有する島のひとつ久場島を、米軍は射爆場として使いはじめました。使いはじめたのは終戦直後かららしいんですが、米軍が私に借地料を払うようになったのは昭和二十五年からです。地料（原文ママ）は年額一万ドルあまり。無期限使用となっていました。

だから私は、石垣市にちゃんと固定資産税を納めています。昭和三十四年からですが、去年までは四百ドル、今年からは四百五十ドル、ちゃんと払っているんです》

（「毛さん、佐藤さん、尖閣諸島は私の〝所有地〟です『れっきとした証拠』持ち出し名乗りあげた〝地主〟の言い分」「現代」一九七二年六月号）

久場島の軍用地基本賃貸借契約書
(1958.7.1)

GRI Nr. 183−1
琉球政府番号

BASIC LEASE
基本賃貸借契約書

THIS LEASE, made pursuant to the provisions of HICOM Ordinance Nr.20, "Acquisition
この賃貸借契約は、1959年1月20日から施行された1959年2月
of Leasehold Interest," dated 12 February 1959 and made effective 26 January 1959,
12日付高等弁務官布令第20号「賃借権の取得について」の規定に従い
this 28 day of JAN , 19 60 , between KOGA, ZENJI
19 60 年 1 月 18 日 東京都北区滝野川7の46
whose address is TOKYO-TO, KITA-KU, TAKINOGAWA, 7-46
に居住する
, hereinafter called the
古　賀　善　次 (以下賃貸人という)と
Lessor, and the Government of the Ryukyu Islands, hereinafter called the Ryukyuan
琉球列島政府(以下琉球政府という)との間に締結され、次のとおり規
Government, provides that:
定する。

1. The Lessor, in his capacity as ATTORNEY-IN-FACT
(owner or otherwise)
賃貸人は 代　理　人 (所有者又はその他の権利
hereby leases to the Ryukyuan Government the land described at the end of this lease.
者)として、この契約書の末尾に表示された土地をここに琉球政府に賃貸する。

2. The Ryukyuan Government is authorized to sublease said land to the United States of
琉球政府は総括賃貸借契約の下に当該土地をアメリカ合衆国
America under a master lease. The termination of such master lease, insofar as it pertains
に転貸する権限を有する。総括賃貸借契約の終了は、それがこの契約書の末
to the land described at the end of this lease. shall constitute a termination of this lease.
尾に表示された土地に関する限り、この契約の終了となる。

3. The term of this lease shall begin 1 July 1958 and shall continue indefinitely, or until
この契約の期間は1958年7月1日に始り、不定期間又は上記第
terminated in accordance with paragraph 2 above.
2項により終了するまで継続する。

4. (Alternate Nr. 1) The Ryukyuan Government shall pay to the Lessor upon the
(代替第1)琉球政府はこの契約の締結に際して 58 年 7 月 1 日から
execution of this lease the sum of
1959 年6月30日までの借賃として米弗 五千七百六拾参弗九拾弐仙
(5,763弗92仙)を

米軍と古賀善次の間に交わされた久場島の賃貸契約書。

海底資源の発見により突然わき起こった領有権問題

終戦後、平穏を取り戻した尖閣諸島に、ふたたび漁船の姿が増えてきた頃、この海底には計り知れないエネルギー源が眠っているという話が聞こえてきた。アメリカの施政下にあるとはいえ、昭和二十七年（一九五二年）、琉球大学と琉球政府資源局が共同で資源調査を行ない、その後、日本の総理府学術調査団も加わって合同調査を進めている。

＊民間でも大見謝恒寿《おおみじゃつねひさ》が、戦後間もない時期から、二〇〇回以上も尖閣列島周辺で調査を行なっている。昭和三十八年（一九六三年）、大見謝は八重山油田の開発を開始。昭和四十一年（一九六六年）には三〇八件の試掘権を琉球政府に出願し、三年後には、五一五五件の採掘権を追加申請している。

海外の石油会社も、この海底資源には目を付けていたようだ。そして、昭和四十三年（一九六八年）、国連アジア極東経済委員会（ＥＣＡＦＥ）が調査を実施、翌年には、尖閣諸島の海底に石油や天然ガスが大量に埋蔵されていると報告されたのである。

石油に泣かされた敗戦から立ち直りかけた日本がわき立ったのも無理はない。しかも、その後の調査で、その埋蔵量たるや、世界第二位のイラク並みの一〇〇〇億バレルを超すという報道すらあった（平成二十四年現在、下方修正されている）。

すると、突然、昭和四十五年（一九七〇年）末、台湾の新聞などが尖閣諸島の領有権を主張、翌年十二月には、中国政府が同様の主張を始めた。海底資源の可能性が明るみに出るまで、一切そのような主張がされたことはなく、日本人にとってみれば、青天の霹靂《へきれき》と言ってよい。

困惑した日本政府は次のように反論している。

尖閣諸島は、一八八五年以降、政府が沖縄県当局を通ずる等の方法により再三にわたり現地調査を行ない、単にこれが無人島であるのみならず、清国の支配が及んでいる痕跡がないことを慎重に確認の上、一八九五年一月十四日に現地に標杭を建設する旨の閣議決定を行なって正式にわが国の領土に編入することとした。

尖閣同諸島は爾来歴史的に一貫してわが国の領土たる南西諸島の一部を構成している。

サンフランシスコ平和条約においても、尖閣諸島はわが国が放棄した領土のうちには含まれず、南西諸島の一部としてアメリカ合衆国の施政下に置かれ、一九七一年六月十七日署名の琉球諸島及び大東諸島に関する日本国とアメリカ合衆国との間の協定（沖縄返還協定）によりわが国に施政権が返還された地域の中に含まれている。

アホウドリに込められた領土保全のメッセージ

降ってわいた尖閣諸島の危機に、沖縄の人々は黙っていなかった。

我々の島を守れ！

二〇〇以上の市町村や経済団体による「尖閣諸島を守る会」が発足。同時に、琉球政府は領土宣言を出し、琉球立法院は「尖閣防衛」を決議している。まさに、島ぐるみの領土保全運動が行なわれたのだ。

昭和四十六年（一九七一年）、日本とアメリカの間で沖縄の返還協定が結ばれ、もちろん、尖閣諸島も沖縄の一部として日本に返還される。しかし、日本政府は、台湾や中国の反発に敏感になっており、尖閣諸島の危機に何の手立ても講じてはくれない。不運なことに、尖閣諸島を管轄下に置いているはずのアメリカは、歴史的米中和解を控えて、この問題に深入りしない方針を示していた。

そんなときだった。

絶滅したと思われていたアホウドリが、七〇年ぶりに琉球大学の調査団によって尖閣諸島の南小島で発見されたのである。かつて島の一面を覆っていたアホウドリ。この島の存在こそ、古賀辰四郎が島を開拓する大きな原動力となったのであり、たくさんの日本人がここで生活を営むきっかけとなったのだ。

沖縄の人々は、尖閣諸島が日本領土であることを示す〝生き証人〟が現われたかのごとく喜んだ。

そうだ、アホウドリだ！

彼らは、このニュースを利用しようと思いついた。アメリカの統治下にあった沖縄では、琉球郵政庁が独自に郵便切手を発行していた。しかし、翌年の昭和四十七年（一九七二年）五月十五日の本土復帰によって、琉球政府も琉球切手も消滅する。琉球郵政庁は、この最後のチャンスに領土を守るメッセージを込めようとしたのだ。

実は、琉球郵政庁が最初にデザインしたのは、ストレートに尖閣諸島の地図だったという。だが、日本の外務省はこれを知るや、「中国や台湾を刺激する」とクレームをつけ、尖閣切手は日の目を見ることができなかった。こうした経緯からすれば、日本もアメリカも尖閣諸島に関わるデザインを許可するはずはない。

タイムリミットは刻々と迫っている。

琉球郵政庁は秘策を考え出した。

アホウドリの発見を祝うようにカモフラージュすればいい。

原画は琉球大学教授の安次富長昭《あしとみちょうしょう》画伯に依頼された。画伯によれば、琉球郵政庁からは、アホウドリと南小島を描いて欲しいと注文があったという。しかし、画伯はアホウドリを見たことがない。困惑する画伯のもとに、郵政庁長はみずから足を運び、アホウドリの剝製を持ってきた。何としてもアホウドリを描いてもらいたい、という強い信念がそこにあった。

本土復帰をひと月前に控えた四月十四日、ついに尖閣の海とアホウドリと南小島をデザインした五セント切手発行！

《海洋シリーズ第三集「海鳥と海と島」》というネーミングを前面に押し出した作戦が功を奏し、無事、日米政府の審査を通過させることに成功したのだ。

アホウドリは誇らしげに尖閣諸島を守るメッセンジャーとなった。

アホウドリは戻った。まだまだ数は少ないとはいえ、たしかに尖閣諸島でおだやかな生

尖閣諸島がデザインされた琉球切手（石垣市立八重山博物館所蔵）。

活を取り戻している。その一方で、海人は戻れない。昭和五十三年（一九七八年）までは漁獲高は約一五億円に上る漁場だったにもかかわらず、今はほぼゼロだという。かわりに中国や台湾の漁船が集団で押し寄せている。

「隣国によって一平方マイルの領土を奪われながら膺懲《ようちょう》の挙に出ない国は、その他の領土をも奪われてゆき、ついには領土を全く失って国家として存立することをやめてしまうであろう。そんな国民は、このような運命にしか値しないのだ」（イェーリング『権利のための闘争』）

アホウドリが阿呆だというなら、日本人とは、いったい、何だ？

〈参考文献〉

外務省情報文化局『尖閣諸島について』一九七二年
尖閣諸島文献資料編纂会『尖閣研究―高良学術調査団資料集』二〇〇七年

尖閣諸島文献資料編纂委員会『尖閣研究―尖閣諸島海域の漁業に関する調査報告』二〇一〇年
仲間均『危機迫る尖閣諸島の現状』二〇〇二年
藤岡信勝・加瀬英明編『中国はなぜ尖閣を取りに来るのか』自由社　二〇一〇年
望月雅彦「古賀辰四郎と大阪古賀商店」『南島史学』第三五号　一九九〇年
山本皓一『日本人が行けない「日本領土」』小学館　二〇〇七年

執筆者略歴

本書の執筆者は、すべて自由主義史観研究会（代表・藤岡信勝）の会員である。
自由主義史観研究会では、二〇一〇年の「中国船体当たり事件」以来、領土問題の重要性を認識し、子どもの領土意識を育て、領土についての正しい知識を教えるための教材開発と授業づくりに取り組んで来た。その中で生まれた様々なアイディアは、会の「授業づくりプロジェクト」という会合で定期的に検討され、練り上げられてきた。本書はその成果の一部をまとめたものである。
各執筆者のプロフィールは、次の通りである。

藤岡　信勝（ふじおか　のぶかつ）　カバーの折り返し参照。

山﨑　ちあき（やまざき　ちあき）　一九八四年東京都生まれ。拓殖大學国際協力学研究科修士課程修了。同研究科博士後期課程在籍。国際開発専攻。主に朝鮮の近現代史を研究している。著書『女子大生ちあきのアジャアジャ！　韓国交換留学』（振学出版）。

松浦　明博（まつうら　あきひろ）　一九五七年北九州市生まれ。東京学芸大学大学院教育学研究科修士課程修了。八王子実践高校教諭。東京新聞教育賞・パナソニック教育財団個人賞等受賞。著書『歴史に学ぼう、先人に学ぼう』（モラロジー研究所）など。

安達　弘（あだち　ひろし）　一九六一年東京都生まれ。茨城大学教育学部教育学科卒業。横浜市立洋光台第二小学校主幹教諭。楽しくわかりやすい授業づくりと歴史学習の教材開発などに取り組む。著書『人物学習でつくる歴史授業』（明治図書出版）。

服部　剛（はっとり　たけし）　一九六二年神奈川県生まれ。明治学院大学経済学部経済学科卒業。横浜市公立中学校社会科教諭。社会科と道徳の教材開発に取り組む。著書『先生、日本のこと教えて―教科書が教えない社会科授業』（扶桑社）。

飯島　利一（いいじま　としかず）　一九六九年東京都生まれ。明治大学大学院文学研究科博士前期課程修了（歴史学）。國學院高等学校教諭（地歴・公民科）。日本史や道徳の教材開発に取り組む。論文「空の武士道―航空自衛官の殉職」（歴史と教育１３６号）など。

髙橋　智之（たかはし　ともゆき）　一九七三年岩手県生まれ。宮城教育大学卒業。岩手県公立小学校教諭。授業実践を積み重ねながら社会科教育の改善を目指す。

飯嶋　七生（いいじま　なお）　一九六八年東京都生まれ。明治大学大学院文学研究科博士前期課程修了（歴史学）。日本神話・祭儀論から天皇の始原を研究。共著『「近現代史」の授業改革』（明治図書出版）など。

自由主義史観研究会は、歴史教育など日本の教育の歪んだ現状の改革を目指す現場の教師グループと、それを支援する一般国民からなる研究団体である。創立は一九九五年。『教科書が教えない歴史』（全四巻）の執筆者グループでもある。連絡先は、〒一一二―〇〇〇五東京都文京区水道二―五―一東和ビル二〇三（電話〇三―五八〇〇―八五一五）。

切りとり線

★読者のみなさまにお願い

この本をお読みになって、どんな感想をお持ちでしょうか。祥伝社のホームページから書評をお送りいただけたら、ありがたく存じます。今後の企画の参考にさせていただきます。また、次ページの原稿用紙を切り取り、左記編集部まで郵送していただいても結構です。

お寄せいただいた「100字書評」は、ご了解のうえ新聞・雑誌などを通じて紹介させていただくこともあります。採用の場合は、特製図書カードを差しあげます。

なお、ご記入いただいたお名前、ご住所、ご連絡先等は、書評紹介の事前了解、謝礼のお届け以外の目的で利用することはありません。また、それらの情報を6カ月を超えて保管することもありません。

〒101―8701（お手紙は郵便番号だけで届きます）
祥伝社　書籍出版部　編集長　岡部康彦
電話03（3265）1084
祥伝社ブックレビュー　http://www.shodensha.co.jp/bookreview/

◎本書の購買動機

＿＿＿新聞の広告を見て	＿＿＿誌の広告を見て	＿＿＿新聞の書評を見て	＿＿＿誌の書評を見て	書店で見かけて	知人のすすめで

◎今後、新刊情報等のパソコンメール配信を　希望する　・　しない

◎Eメールアドレス　※携帯電話のアドレスには対応しておりません

@

100字書評

国境の島を発見した日本人の物語

住所

名前

年齢

職業

国境《こっきょう》の島《しま》を発見《はっけん》した日本人《にほんじん》の物語《ものがたり》

平成24年8月10日　初版第1刷発行

編著者　藤《ふじ》岡《おか》信《のぶ》勝《かつ》

発行者　竹内和芳

発行所　祥《しょう》伝《でん》社《しゃ》

〒101-8701
東京都千代田区神田神保町3-3
☎03(3265)2081(販売部)
☎03(3265)1084(編集部)
☎03(3265)3622(業務部)

印刷　堀内印刷

製本　積信堂

ISBN978-4-396-61428-7 C0021

Printed in Japan

祥伝社のホームページ・http://www.shodensha.co.jp/